Gerlinde Knisel-Scheuring

Im Kindergarten den Muttertag vorbereiten

Anregungen und Vorschläge
für Erzieherinnen

Mit Illustrationen
von Elke Junker, Stefan Horst
und Iris Buchholz

Verlag Ernst Kaufmann

Die Deutsche Bibliothek - CIP-Einheitsaufnahme

Knisel-Scheuring, Gerlinde:
Im Kindergarten den Muttertag vorbereiten: Anregungen
und Vorschläge für Erzieherinnen / Gerlinde Knisel-Scheuring.
Mit Ill. von Elke Junker ... - Lahr: Kaufmann, 2000
ISBN 3-7806-2526-1

1. Auflage 2000

Printed in Germany
Gesamtgestaltung: Elke Junker, Stefan Horst und Iris Buchholz
Hergestellt bei Präzis-Druck GmbH, Karlsruhe
ISBN 3-7806-2526-1

Inhalt

Erklärung der Logos:

Elternbrief

Darstellen
Rollenspiele

Sprache
Vorlesen

Basteln
Malen

Gebet
Gedicht

Feiern
Schenken

Spiele

Lied

Einleitung

Weil Gott nicht überall sein konnte, schuf er die Mutter.
Sprichwort aus dem Orient

Wenn ein Kind den schützenden Mutterleib verlässt und zur Welt kommt, braucht es Liebe, Nahrung, Pflege und Kleidung. Obwohl sich auch zunehmend Väter um die Pflege und Erziehung ihrer Kinder kümmern, ist dies in den meisten Familien noch zu einem großen Teil Aufgabe der Mutter.
Der festlich begangene Muttertag möchte daran erinnern und die Arbeit der Mütter würdigen.

Geschichte des Muttertages

Einen Festtag zu Ehren der Mütter einzurichten, wurde schon im ersten Jahrzehnt des 20. Jahrhunderts angestrebt. 1907 wurde er in Philadelphia zum ersten Mal mit einem festlichen Bankett gefeiert. Anna Jarvis, die aus Philadelphia stammte, gilt als Gründerin des Muttertags. Sie wollte mit diesem Tag die Bürgersfrauen mahnend an das schwere Schicksal jener Mütter erinnern, die als Fabrikarbeiterinnen sehr belastet waren. Diese mussten Kindererziehung und Erwerbstätigkeit verbinden und dabei nahezu Unmögliches leisten.
Politische und sozialkritische Gedanken, die ihrer Zeit weit vorausgingen, bewogen Anna Jarvis bei ihrem Kampf um Würdigung der schweren Arbeit der Mütter und bessere Bedingungen für sie. Dies ließ Präsident Wilson jedoch völlig außer Acht, als er am 9. Mai 1914 den Kongressbeschluss verkündete, den zweiten Sonntag im Mai als Muttertag zu begehen. Er sprach ganz allgemein vom „öffentlichen Ausdruck der Liebe und Dankbarkeit, die wir den Müttern unseres Landes entgegenbringen".
Aber nicht nur dieser politische und sozialkritische Hintergrund ist kaum bekannt, auch die persönliche Ebene, die das Fest in der Familie erhalten könnte, entfaltete sich nur selten. Das eigentliche Anliegen des Tages versank und versinkt im Konsumrausch. Mit Blumensträußen und Geschenken wird der Dank an die Mutter ausgedrückt, damit muss sie sich zufrieden geben. Obwohl die Gründerin des Muttertags sich vehement

gegen die Kommerzialisierung wehrte, konnte sie den Missbrauch ihrer Idee nicht verhindern.
Durch diese Entwicklung geriet die Erinnerung an den eigentlichen Ursprung des Tages in Vergessenheit. Es war sicher kein Zufall, der den Brauch, Muttertag zu feiern, gerade in einem anglo-amerikanischen Land wieder zu Ehren kommen ließ. Anna Jarvis kannte wahrscheinlich noch die alte Sitte aus England, wo es für die Töchter auf dem Lande üblich war, ihrer Mutter einen Besuch abzustatten, und zwar an einem der Sonntage im Frühling, der eine besondere Beziehung zur Mutter Kirche oder der Gottesmutter Maria hatte. Man kann sicher davon ausgehen, dass dieser Brauch auf eine noch viel ältere Verehrung der Mutter Erde zurückzuführen ist.
An einem Sonntag zwischen März und Mai wanderten also die Töchter im sauberen Sonntagsstaat durch die Felder, um ihre Mütter zu besuchen. Und jedes Mädchen trug einen Kuchen in einem Tuch oder einem Korb. Er war mit Liebe gerührt und die Mädchen hatten tüchtig gespart, um den Teig reich mit Rosinen und Mandeln versehen zu können. Sie galten als Symbole der guten Wünsche: „So viel Glück und Segen wie Rosinen im Teig."
Anfang der 20er-Jahre setzte sich auch in Deutschland die Idee durch, jeweils am zweiten Sonntag im Mai die Mütter zu ehren. Dies war hauptsächlich das Verdienst einer breit angelegten Werbekampagne des deutschen Blumenhändlerverbandes. Neben der Sitte, der Mutter Blumen zu schenken, war es auch Brauch, dass der Ehemann und die Kinder an diesem einen Tag im Jahr die häuslichen Pflichten übernehmen und die Mutter entlasten.
Der Brauch hat sich mittlerweile weltweit durchgesetzt. Als Anna Jarvis 1943 starb, wurde der Muttertag bereits in über 40 Ländern gefeiert.

Warum auch im Kindergarten Muttertag feiern?

„Egal, wie ich es selbst sehe, am Muttertag komme ich ja doch nicht vorbei ...", seufzen viele Erzieherinnen und raffen sich Jahr um Jahr dazu auf, mit den Kindern ein kleines Geschenk für die Mütter zu basteln. Diese Einstellung geht aber – wie der schnell gekaufte Blumenstrauß oder das Essen im Restaurant – an der eigentlichen Intention dieses Tages vorbei.

Betrachtet man diesen Festtag dagegen wie einen Geburtstag, der ein besonderer Tag in unserem Leben ist und uns einmal im Jahr daran erinnert, dass wir geboren wurden, so kann der Muttertag ebenfalls ein ganz besonderer Tag im Jahr und in der Familie sein.
Die Tatsache, dass Frau und Mann Eltern geworden sind, hat ihr Leben gravierend verändert. Immer noch sind es zumeist die Frauen, die am stärksten von diesen Veränderungen betroffen sind, wenn sie sich bereit erklären, zu Hause die Hauptlast der Versorgung, Pflege und Erziehung der Kinder sowie den anstrengenden, oft eintönigen Alltag und die täglich wiederkehrende Routine zu bewältigen. Oder sie mühen sich ab, Familie und Beruf unter einen Hut zu bekommen. Einmal im Jahr, am Muttertag, sollen Mütter dafür geehrt werden.
Belastet mit falschen Bildern des Muttertags und seiner ausschließlichen Konsumorientierung lehnen aber viele junge Mütter es ab, sich einmal im Jahr feiern zu lassen. Mit Recht verweigern Mütter die Gewissensberuhigung durch einen Alibi-Festtag, dessen Geschenke oft nichts mit echter Aufmerksamkeit zu tun haben. Doch gerade durch die Ablehnung wird deutlich: Mütter fordern echte Anerkennung, sie wollen, dass die tägliche Mühe gesehen und auch belohnt wird, und damit entsprechen sie den Forderungen der ursprünglich angestrebten Intention des Muttertages. So fällt dem Muttertag und seiner Symbolwirkung wieder eine wichtige Aufgabe zu. Er kann als Anlass genommen werden, über die Lebenssituation von Müttern nachzudenken.
Wird der Tag liebevoll vorbereitet, mit Inhalt gefüllt und die Mutter nicht bloß mit einem Blumenstrauß und Gasthaus-Essen abgespeist, kann die Familienarbeit der Mutter tatsächlich eine Würdigung erfahren. Das Fest und die Vorbereitungen auf den Tag können zudem zum Innehalten und Überdenken der häuslichen Situation anregen und dadurch sogar Veränderungen herbeiführen. Sinnvoll ausgefüllt wird der Sonntag nicht nur ein schöner Festtag, sondern erhellt darüber hinaus das Schattendasein mancher Familienmütter.

Den meisten Familien fällt es jedoch schwer, geeignete Formen für eine schöne Gestaltung des Muttertages zu finden. Hier kommt dem Kindergarten eine wichtige Aufgabe zu. Wenn es dem Kindergarten-Team gelingt, eine neue Sicht für dieses Fest zu erarbeiten, können Erzieherinnen und Erzieher diese in ihre

Arbeit integrieren und die Kinder dafür sensibilisieren. Im Rahmen der Elternarbeit werden zudem die Inhalte und Hintergründe der Festvorbereitung und Festgestaltung vermittelt. Ein Schwerpunkt bildet bei diesem Thema die Arbeit mit den Vätern, sie werden so weit wie möglich in die Vorbereitungen mit einbezogen und erhalten auch Einblick und Hilfestellung bei der Gestaltung zu Hause. Ein wichtiges Ziel ist dabei die Sensibilisierung für Familienarbeit, für Bedeutung, Sinn und Wichtigkeit dieser nur scheinbar einfachen Arbeit.

Da sich langsam, aber stetig, das Bild von Familie verändert, ist es an der Zeit, einen anderen Rahmen, neue Formen und Inhalte für Muttertags-Feste zu finden.

Zum Aufbau des Buches

Dieses Buch möchte zu den Möglichkeiten, Muttertags-Feste ganz traditionell zu feiern – mit den Kindern ein kleines Geschenk zu basteln und ihnen dies für den Muttertag mitzugeben –, Alternativen aufzeigen.

Im ersten Kapitel „Jedes Jahr ist Muttertag“ (siehe S. 11) wird beschrieben, wie sich das Kindergarten-Team auf das Thema „Muttertag feiern im Kindergarten“ einstellen kann. Dabei kommen auch die Wurzeln zur Sprache, die der Beruf der Erzieherin hat, und es stellt sich die Frage, wie Erzieherinnen selbst ihre Aufgabe heute definieren.
An dieser Stelle möchte ich anmerken, dass in diesem Buch immer die weibliche Berufsbezeichnung gewählt wurde, weil sich noch immer sehr wenige Männer für diesen Beruf entscheiden. Aber die wenigen Kollegen sollen sich durchaus auch angesprochen fühlen – und sind aufgerufen, zu einer weiteren Veränderung ihren Teil beizutragen.

Dieser internen Vorbereitung schließen sich Überlegungen und Ideen zu einer sinnvollen Elternarbeit, insbesondere der Väterarbeit, an.

Es folgen vier in der Praxis erprobte Modelle rund um den Muttertag und Anregungen zur Gestaltung von Muttertags-Festen, jeweils zu einem bestimmten Thema.

Im Kapitel „Liebe Mutter, ich danke dir" (siehe S. 41) steht das Danksagen im Vordergrund. Die Kinder beschäftigen sich mit dem Wort „danke", erfahren, welche Bedeutung es hat und überlegen, wem sie wofür danken wollen und welche Möglichkeiten es dazu gibt.

Mit den Themen der nächsten beiden Kapitel („Komm, ich zeig dir meine Familie", siehe S. 59, und „Ich hab, was ich zum Leben brauch", siehe S. 81) werden die unterschiedlichen Formen von Familien heute und die Gestaltungsmöglichkeiten des Familienlebens bewusst gemacht. Die Kinder erzählen dabei von ihrem Alltag und sie erfahren, dass es Unterschiede, aber auch Gemeinsamkeiten gibt. Geschichten über das Zusammenleben erzählen von Gemeinschaft und von der Arbeit, die Tag für Tag anfällt. So erschließt sich den Kindern nach und nach, was alles getan werden muss, damit sie jeden Tag satt werden, die richtigen Kleider haben und ein kuschliges Bett vorfinden.
Bei der Erarbeitung dieser Themen wird berücksichtigt, dass Kindergartenkinder Arbeit als Spiel betrachten und Stress und Ärger von Vater und Mutter oft nicht begreifen. Sie wollen mithelfen, mitspielen und verstehen nicht, dass sie stören, im Weg sind oder die Arbeit behindern. Eine einfache Aufforderung, zu Hause der Mutter zu helfen, genügt deshalb nicht, oft führt gerade diese Art von Mithilfe zu Ärger und Streit, im schlimmsten Fall zu Unfallgefahr und Verletzungen.
Die Fähigkeiten des Kindes und die Bereitschaft und Möglichkeiten der Mutter bzw. der Eltern, diese zu nutzen, müssen ausgelotet werden. Viele Kinder erzählen mit trauriger Stimme: „Ich muss immer in mein Zimmer gehen und spielen, ich darf nie mithelfen", wenn das Gespräch auf den Muttertag und die Entlastung der Mutter durch Mithilfe des Kindes kommt. Deshalb braucht das Kind Alternativen, mit denen es der Mutter Freude machen kann. Alternativen können liebevoll ausgedachte Geschenke wie ein Ausruh-Kissen (siehe S. 98) oder eine Gute-Laune-Kiste (siehe S. 35) sein, an denen die Mutter das ganze Jahr Freude hat.

Das Kapitel „Ich schenk dir was" (siehe S. 111) beschäftigt sich mit dem Danksagen durch ein Geschenk und den Möglichkeiten, wie dies am besten gelingen kann.

In jedem Kapitel führt ein Elternbrief in das jeweilige Thema ein.

Er ist als Orientierung und Anregung gedacht und sollte, der Situation des Kindergartens entsprechend, der Elternschaft angepasst werden.

Jedes Kapitel liefert auch eine passende Geschenkidee und beschreibt eine Elternaktivität. Den Abschluss bildet jeweils eine Reaktion auf die Planungseinheit, d. h. eine persönliche Stellungnahme einer Mutter, eines Vaters oder einer Erzieherin.

Da es in diesem Buch immer wieder um grundlegende Fragen geht, die sich bei anderen Festen genauso stellen, können viele der Anregungen auch bei anderen Gelegenheiten gebraucht werden. Durch einen lebendigen und offenen Umgang mit den Inhalten, den verschiedenen Ideen und Vorschlägen, kann das Buch über den Muttertag hinaus eine reiche Fundgrube darstellen.

Ich möchte mich an dieser Stelle bei allen bedanken, die mich während meiner Arbeit begleitet und unterstützt haben.

Ludwigshafen, im Dezember 1999

Gerlinde Knisel-Scheuring

Jedes Jahr ist Muttertag

Die Vorbereitung im Team

Familienergänzende Erziehung als Aufgabe des Kindergartens

Dem Kindergarten fällt die wichtige Aufgabe zu, die elterliche Sorge, Betreuung und Erziehung der Kinder zu ergänzen und in der Zeit, die das Kind im Kindergarten verbringt, stellvertretend zu übernehmen. Es ist deshalb wichtig, dass im Kindergarten die Unterschiedlichkeit und Vielfalt der Familienformen, in denen Kinder leben, positiv gesehen werden können und nicht einzelne, vielleicht ungewöhnliche Varianten negativ beurteilt werden. Denn selbst wenn diese negative Sicht nur unterschwellig mitschwingt, stört sie das positive Verhältnis der Erzieherin zu dem betroffenen Kind und seinen Eltern, einem Elternteil oder anderen Bezugspersonen. Es ist deshalb sinnvoll und notwendig, dass Erzieherinnen sich über ihre Einstellungen zu Familie und ihrer Erwartungshaltung bezüglich Familienerziehung klar werden und diese kritisch überdenken.

Die Rolle der Mutter ist dabei vielschichtig und heute nicht mehr starr festgeschrieben. Die unterschiedlichen Ausprägungen von Muttersein werden von Frauen individuell ausgefüllt. In diesem Zusammenhang wird deutlich, wie entscheidend das Bild, das sich Erzieherinnen von Mutterschaft und der Rolle der Mutter in der Familie machen, ihre Arbeit im Kindergarten beeinflusst. Können sie nachvollziehen, dass Mütter arbeiten wollen, und bieten sie dementsprechend Hilfen, wie beispielsweise geeignete Öffnungszeiten, an? Zeigen sie in Krisensituationen Verständnis und leisten sie, beispielsweise bei Trennung bzw. Scheidung, Unterstützung oder lasten sie die Mehrarbeit durch schwierig gewordene Kinder der Mutter an? Und wie gehen Erzieherinnen mit Vätern um? Werden sie als ernst zu nehmende Erziehungspartner gesehen und bei Problemen genauso in die Pflicht genommen wie Mütter?

Die Auseinandersetzung mit diesen Fragen steht in engem Zusammenhang mit der Rolle, die die Erzieherin sich selbst zuschreibt. Was hat sie dazu bewogen, sich diesen Beruf auszusuchen? Inwieweit versteht sie sich selbst als eine Art von Ersatzmutter? Oder lehnt sie dies ganz ab, sieht sich als Lehrende und Erziehende, die hauptsächlich Wissen und Bildung vermittelt? Gelingt es ihr, beides zu sein – mütterlich und professionell?

Die Rolle der Erzieherin – Mütterlichkeit als Beruf?

Unabhängig davon, wie Erzieherinnen sich definieren oder ob sie sich heute stärker auf Bildung und Erziehung berufen, vertreten sie als weibliche Bezugsperson bei den Kindern auch die Mutter. Der Berufsstand hat seine Wurzeln in dieser Idee. Das schließt politisches Agieren und emanzipatorische Bestrebungen jedoch keineswegs aus. Im Gegenteil: Erst das bewusste Umgehen mit den eigenen mütterlichen Anteilen ermöglicht es Erzieherinnen, ihren Beruf selbstbewusst und kompetent auszuüben.
Eine Annäherung an die vielen Mutterrollen und die eigene Meinung dazu kann über Gedichte, Zitate und Geschichten über Mütter oder über bekannte Märchen, in denen Mütter eine Rolle spielen, geschehen. Märchen erzählen von unterschiedlichen Müttern, in ihnen spiegeln sich alle Facetten von Mutterschaft.

Die ideale Mutter – Spurensuche im Team

Jede/r von uns hat ganz bestimmte Vorstellungen davon, wie die ideale Mutter sein und wie sie sich verhalten sollte. Diese Vorstellungen spiegeln sich mehr oder weniger bewusst in unseren Handlungen, Wertungen, Einstellungen und Äußerungen wider. Auch die Gestaltung des Muttertagsfestes ist geprägt von dieser inneren Haltung. Sie zu ergründen, ist nicht ganz einfach. Ein Versuch sich anzunähern kann die Beschäftigung mit bekannten Märchen sein.

Vorschlag

Jede Erzieherin bringt zu dem Thema Mutter ein Märchen mit. Sie erzählt das Märchen und zwar aus der Sicht der handelnden Mutter. Indem sie sich in diese Muttergestalt hineinversetzt und deren Handlungsweise und Beweggründe wiederzugeben versucht, verändert sie das Märchen unwillkürlich.

Es ist erstaunlich, in welch anderem Licht die Märchen nun erscheinen. Bedeutsam und aufschlussreich ist auch, auf welches Märchen unsere Wahl fällt und wie wir versuchen, die Handlungsweise der Mutter zu erklären. An die Erzählung kann sich eine Diskussion anschließen, die noch stärker erhellt, welches Idealbild wir uns vom Muttersein machen und wie stark es unsere Arbeit beeinflusst. Die Auseinandersetzung mit diesem

Thema zeigt auch, wie und ob wir uns in der Rolle der stellvertretenden Mutter sehen, was wir von uns erwarten und was davon tatsächlich verwirklicht werden kann.

Eine Erzieherin erzählt

Zunächst habe ich lange überlegt, welches Märchen ich auswählen soll. Spontan kamen mir die bekannten Märchen wie „Schneewittchen“, „Aschenputtel“, „Hänsel und Gretel“ oder „Frau Holle“ in den Sinn - alles Märchen mit dem gleichen Mutterbild: Die gute Mutter ist gestorben, die Stiefmutter ist böse und grausam.
Es machte mich nachdenklich, dass mir gerade diese Märchen einfielen. Warum nicht „Die sieben Geißlein", mit einer zwar abwesenden, aber besorgten und bemühten Mutter?
Aber noch schwieriger war die Frage: Wie sollte ich diese Märchen erzählen, wie die Handlung der Stiefmutter darstellen? Ich konnte sie keinesfalls eindeutig böse und niederträchtig erscheinen lassen, obwohl ich im Rollenspiel schon oft diese Position eingenommen hatte. Jetzt, als Erzählerin, als Hauptfigur der Geschichte, war es mir plötzlich wichtig, so in die Figur einzutauchen, dass ich sie wirklich verstehen konnte. Die einseitige und eindeutige Schuldzuweisung erschien mir nun nicht mehr gerechtfertigt. Bemüht, die Ich-Erzählerin zu verkörpern, wollte ich ihre Sichtweise schildern und den Geschehnissen dadurch eine andere Dimension geben. Sie sollte die Möglichkeit haben, ihr Handeln und die dahinter liegende Motivation zu begründen, um so die Ereignisse zurechtrücken zu können. Mir kam der Gedanke, ob nicht der gute Ausgang der Geschichte der handelnden Frau im Nachhinein Recht gab?
In dem Märchen „Frau Holle“ zum Beispiel, kann doch Goldmarie nur ihr Glück machen, weil sie achtsam ist und die Arbeit nicht scheut. Sie lässt das Brot nicht verbrennen und weiß um die Notwendigkeit, Äpfel zu pflücken. Die Faule, die immer geschont wurde und nie etwas machen musste beziehungsweise durfte, versagt kläglich. Die Verwöhnung in ihrer Kindheit und Jugend bleibt als Pech an ihr hängen und lässt kein Glück mehr zu.
Je länger ich darüber nachdachte, desto mehr Parallelen zu meiner eigenen Arbeit fielen mir auf. Ist es denn nicht so, dass auch ich mich manchmal wie die böse Stiefmutter fühle, wenn ich den Kindern - unendlich verzogen und verwöhnt von der „guten, richtigen“ Mutter zu Hause - Regeln erkläre und trotz Tränen und Wut auf deren Einhaltung bestehe? Wenn ich von

den Kindern Selbstständigkeit, Ordnung, Wartenkönnen, Zurückhaltung und soziales Verhalten erwarte und einfordere, weil sich nur dann alle in einer Gruppe wohl fühlen können, wenn ein Mindestmaß an Disziplin vorherrscht, wofür ich verantwortlich bin? Wenn ich erwarte und verlange, dass sie begonnene Arbeiten zu Ende führen, auch wenn es ihnen schwer fällt? Wenn ich von ihnen erwarte, dass sie Angelegenheiten selbstständig regeln, und dadurch riskiere, dass der Stärkere dies vielleicht ausnützt?
Und doch weiß ich genau, dass gerade diese Mühe meine Arbeit wertvoll macht. Ich will die Kinder ganzheitlich wahrnehmen, sie in ihren Entwicklungsprozessen begleiten und unterstützen und auch in schwierigen Entwicklungsphasen nicht ausweichen oder wegsehen.

Nach all diesen Überlegungen habe ich mich für das Märchen „Hänsel und Gretel" entschieden. Für mich ist Gretel eine faszinierende Figur, weil sie, nachdem die Hexe Hänsel eingesperrt hat, ganz auf sich alleine gestellt, ohne fremde Hilfe eine Lösung findet. Ihre Tatkraft befreit beide aus der bedrängenden Situation.
Bezogen auf die Mutter erzählt das Märchen zwar, dass sie, die (Stief-) Mutter, die Kinder im Wald aussetzen und sie damit dem Hungertod ausliefern will. Der Vater muss, weil er Mitleid mit den Kindern hat, erst dazu überredet werden. Aber kann man die Handlungsweise der Mutter nicht auch anders deuten? Könnten ihre Beweggründe nicht in dem Wissen wurzeln, dass Kinder Raum und Gelegenheit brauchen, um ihre Kraft und Selbstständigkeit erproben zu können? Die Forderung der Mutter, die Kinder fortzuschicken und sie ihrem Schicksal zu überlassen, erklärt sich dann aus dem Wissen um die Notwendigkeit, Kinder loslassen zu müssen, und verliert die unterstellten selbstsüchtigen und egoistischen Motive. Der gute Ausgang des Märchens zeigt auch, dass die Kinder durchaus in der Lage sind, alleine zurechtzukommen. Sie meistern die Situation, befreien sich von der tatsächlich selbstsüchtigen Hexe und bringen Schätze mit nach Hause, die alle Not und Sorgen beenden.

Meine Kollegin hat das Märchen „Der Wolf und die sieben Geißlein" erzählt und sich dabei an das Gedicht „Vom Lob des Ungehorsams" angelehnt.

Sie waren sieben Geißlein
und durften überall reinschaun,
nur nicht in den Uhrenkasten,
das könnte die Uhr verderben,
hatte die Mutter gesagt.

Es waren sechs artige Geißlein,
die wollten überall reinschaun,
nur nicht in den Uhrenkasten,
das könnte die Uhr verderben,
hatte die Mutter gesagt.

Es war ein unfolgsames Geißlein,
das wollte überall reinschaun,
auch in den Uhrenkasten,
da hat es die Uhr verdorben,
wie es die Mutter gesagt.

Dann kam der böse Wolf.

Es waren sechs artige Geißlein,
die versteckten sich, als der Wolf kam,
unterm Tisch, unterm Bett, unterm Sessel
und keines im Uhrenkasten,
sie alle fraß der Wolf.

Es war ein unartiges Geißlein,
das sprang in den Uhrenkasten,
es wusste, dass er hohl war,
dort hat's der Wolf nicht gefunden,
so ist es am Leben geblieben.

Da war Mutter Geiß aber froh.

Franz Fühmann

Meine Kollegin hat das Märchen aus der Sicht der Mutter geschildert, die manchen Kummer mit ihrem kleinsten Geißlein hat, weil es sehr kreativ, allzu neugierig und unerschrocken ist und sich oft einfach über Verbote hinwegsetzt. Schließlich rettet es aber genau mit diesen Eigenschaften allen ihren Kindern das Leben.

In der anschließenden Diskussion versuchten wir herauszufinden, wie viel Raum wir diesem Ungehorsam lassen und wie wir mit Grenzverletzungen umgehen. Wir stellten fest, dass es uns wichtig ist, den Kindern Selbstbewusstsein zu vermitteln, ihre Neugier und Kreativität zu stärken. Wir möchten ihnen ermöglichen Nein zu sagen, ihnen helfen sich gegenüber Autoritäten durchzusetzen, jedoch ohne dadurch egoistisch und rücksichtslos zu werden. Deshalb wollen wir ihre soziale Kompetenz stärken und erreichen, dass sie sich auch zu Gunsten der Gemeinschaft zurückzunehmen lernen und bereit sind Grenzen zu akzeptieren. Wir waren uns einig, dass dies eine schwierige, aber lohnende Arbeit ist.
Letztendlich ist es das, was auch „Mutter Geiß" ihren Kindern sagen wollte. Sie versuchte diese vor dem Wolf zu warnen, aber in der konkreten Situation mussten sich die Kinder selbst behaupten. Das jüngste Geißlein hat es geschafft, es hat sich selbst in Sicherheit gebracht, fühlte sich aber auch für die anderen verantwortlich und half, diese zu retten.

Abschließend haben wir festgestellt, dass wir als Erzieherinnen dazu neigen, viel zu viel von den Müttern und von uns selbst zu erwarten. Eigentlich sind es die Kinder, ihre Kreativität, ihre Kräfte, die gestärkt werden müssen. Sie wachsen an ihren Aufgaben und reifen an Herausforderungen. Das wollen wir wieder stärker beachten – und uns auch den Müttern gegenüber etwas toleranter zeigen.

Exkurs:
Märchen, die von Müttern erzählen

Die Beschäftigung mit Märchen zeigt, dass in ihnen die Mutterrolle in ihrer ganzen Vielschichtigkeit dargestellt und deutlich wird.

Mutterliebe über den Tod hinaus

In vielen Märchen stirbt die Mutter schon zu Beginn. Und doch ist sie als verlässliche Kraft immer noch da, ihr Vermächtnis, ihre Wünsche oder Ratschläge wirken weiter und führen zu guter Letzt alles zu einem guten Ende. Oft erscheint sie ihren Kindern im Traum und berät sie in schwierigen Lebenssituationen. Diese Märchen erzählen meistens auch von einer nachfolgenden bösen Stiefmutter und von deren Neid und Missgunst („Schneewittchen", „Hänsel und Gretel"). Oft bringt sie eigene Kinder mit in die Familie, die immer von ihr bevorzugt werden („Brüderchen und Schwesterchen", „Frau Holle", „Aschenputtel").

Schneewittchen

Eine Königin sitzt an einem Tag im Winter, als Schnee fällt, am Fenster und näht. Dabei sticht sie sich in den Finger und drei Tropfen Blut fallen in den Schnee. Da wünscht sie sich ein Kind, weiß wie Schnee, rot wie Blut und schwarz wie das Ebenholz des Fensterrahmens. Bald darauf bekommt sie ein Mädchen, Schneewittchen genannt, die Königin aber stirbt.
Schneewittchen wird schön, schöner noch, als die neue Königin, die der König geheiratet hat. Die neue Königin lässt Schneewittchen deshalb von dem Jäger in den Wald bringen, wo er es töten soll. Der aber hat Mitleid. Er täuscht die Königin und tötet statt Schneewittchen einen Frischling. Schneewittchen, ganz allein ihrem Schicksal überlassen, irrt durch den Wald, überwindet die Berge und findet schließlich bei den sieben Zwergen ein neues Zuhause. Sie lebt dort in Frieden und Freude, bis die böse Königin durch ihren Zauberspiegel erfährt, dass Schneewittchen doch am Leben ist und sie immer noch an Schönheit übertrifft.

Dreimal muss sich die böse Königin auf den Weg machen, bis es

ihr gelingt, Schneewittchen zu töten, denn zweimal können die Zwerge es ins Leben zurückholen, beim dritten Mal aber wissen sie sich keinen Rat mehr.
Trotzdem findet alles ein gutes Ende. Schneewittchen wird erlöst und die Königin erhält ihre gerechte Strafe.

Brüder Grimm

Hänsel und Gretel

Die Geschwister Hänsel und Gretel werden - auf Betreiben der Stiefmutter - von ihren Eltern in den Wald geführt und dort allein gelassen. Hänsel, der die Eltern am Abend vorher belauscht hat, weiß von ihrem Vorhaben. Deshalb markiert er den Weg und so finden die Kinder in der Nacht wieder heim. Als die Eltern ihren Entschluss ein weiteres Mal umsetzen, verirren sich die Kinder im Wald und gelangen schließlich zu einem Häuschen aus Lebkuchen. Dort werden sie zunächst gut versorgt, aber bald entpuppt sich diese rettende Zuflucht als Falle. Die Hexe, die im Häuschen wohnt, lässt Gretel schwere Arbeit tun und sperrt Hänsel ein, um ihn für ein Festmahl zu mästen.
Gretel ist dadurch ganz auf sich alleine gestellt, aber sie findet eine Lösung. Ihre Tatkraft befreit beide aus der bedrängenden Situation. Sie finden in dem Hexenhaus viele kostbare Schätze und auch der Weg nach Hause bleibt nicht länger verborgen. Hänsel und Gretel bringen großen Reichtum mit nach Hause und alle Not und Sorgen haben ein Ende.

Brüder Grimm

Brüderchen und Schwesterchen

Die beiden Kinder beschließen in die weite Welt zu gehen, da sie, wie Brüderchen zu Schwesterchen sagt, keine gute Stunde mehr haben, seit die Mutter tot ist und die Stiefmutter sie alle Tage schlägt.
Es gelingt ihnen zu entkommen und im Wald zu überleben, obwohl die Hexenkünste der Stiefmutter Brüderchen in ein Reh verwandelt haben. Schwesterchen wird sogar Königin und selbst die Arglist und Hinterhältigkeit, mit der die böse Stiefmutter versucht, die eigene hässliche Tochter an Schwesterchens Stelle zu setzen, versagen letztendlich. Die Hexe muss sterben und Brüderchen und Schwesterchen werden erlöst.

Brüder Grimm

Frau Holle

In diesem Märchen wird erzählt, wie unterschiedlich eine Mutter ihre beiden Töchter behandelt. Die „rechte" Tochter wird geschont, sie muss keinerlei Arbeit verrichten. Die Stieftochter dagegen muss alle Arbeit tun und sich vor allem jeden Tag auf die große Straße bei einem Brunnen setzen und so viel spinnen, dass ihr die Finger ganz blutig werden. Als einmal die Spule voll Blut ist, will das Mädchen sie im Brunnen abwaschen. Dabei springt sie ihr von den Fingern und fällt in den Brunnen. Nun verlangt die unbarmherzige Stiefmutter von ihr, in den Brunnen zu steigen, um die Spule wieder heraufzuholen.
Voller Angst springt die Tochter in den Brunnen, gelangt zunächst auf eine schöne Wiese und dann zu Frau Holle. Dort macht sie ihr Glück und wird zur Goldmarie. Der anderen Tochter jedoch, faul, egoistisch und rücksichtslos, ist nur Pech beschieden.

Brüder Grimm

Aschenputtel

Das Haselreis, das Aschenputtel auf das Grab der Mutter pflanzt und mit ihren Tränen gießt, wird zu einem Baum, in dessen Zweigen immer ein Vogel erscheint, wenn Aschenputtel kommt und betet. Der Vogel erfüllt nicht nur all ihre Wünsche, er wirft auch silberne und goldene Kleider herunter, mit denen sie auf das Fest des Königs gehen kann. Und die Täubchen, die im Baum sitzen, helfen ihr, die Aufgaben der Stiefmutter zu erfüllen, und dem Königssohn, sich nicht täuschen zu lassen, sondern sie, die richtige Frau, zur Braut zu nehmen.

Brüder Grimm

Pflegemütter betreuen Findel-Kinder

Neben dem Motiv der bösen Stiefmutter gibt es viele Märchen, in denen Pflegeeltern oder Paten die Mutterstelle einnehmen. Oft werden Königskinder vertauscht und/oder ausgesetzt, sodass nicht die leibliche Mutter die Kinder aufziehen kann, sondern Pflegeeltern diese Aufgabe übernehmen müssen. Die Pflegemütter/-eltern sind meistens einfache Leute, die oft selbst keine Kinder haben und den Fund wie ein Gottesgeschenk annehmen. Sie werden als liebevoll und gut geschildert. Sie betreuen die Kinder so lange, bis sie sterben oder bis die Kinder sich aufmachen, ihre wahre Herkunft zu ergründen.
Von solchen Pflegemüttern oder Pflegeeltern erzählen die Märchen: „Spindel, Weberschiffchen und Nadel" und „Der Teufel mit den drei goldenen Haaren".

Spindel, Weberschiffchen und Nadel

Ein Mädchen, dem Vater und Mutter gestorben sind, wird von der Patin, einer alten Frau, aufgenommen. Diese hinterlässt dem Mädchen ein Häuschen, dazu Spindel, Weberschiffchen und Nadel sowie Gottes Segen. Mit Hilfe dieses Vermächtnisses gewinnt das Mädchen die Aufmerksamkeit des Königssohnes und wird Königin.

Brüder Grimm

Der Teufel mit den drei goldenen Haaren

Das Märchen erzählt von einem Knaben, dem geweissagt wird, dass er, obwohl von armer Geburt, die Königstochter heiraten wird. Der König, der davon erfährt, schmeichelt den Eltern den Knaben ab, jedoch mit der bösen Absicht, ihn auszusetzen. Er legt den Knaben in eine Schachtel und wirft sie in ein tiefes Wasser. Der Knabe aber wird gefunden und wächst bei liebevollen, kinderlosen Pflegeeltern „in allen Tugenden" heran.
Die Weissagung erfüllt sich, der Knabe heiratet die Königstochter und selbst die unlösbare Aufgabe, die drei goldenen Haare des Teufels zu holen, meistert er. Diese Tat bringt ihm außerdem einen gewaltigen Goldschatz ein und befreit ihn schließlich von dem rachsüchtigen König.

Brüder Grimm

Abwesende oder berufstätige Mütter

Mütter können nicht immer bei ihren Kindern sein. Sie müssen weggehen, Aufgaben erledigen und können die Kinder nicht mitnehmen oder sie müssen die Kinder mit Aufgaben betrauen und alleine losschicken. Mütter versuchen die Kinder darauf vorzubereiten, erteilen gute Ratschläge, geben Ermahnungen, Verhaltensregeln und oft auch Symbole mit auf den Weg, die segnen oder schützen sollen, und sie hoffen, dass die Kinder alles gut bewältigen. Die Märchen „Rotkäppchen", „Der Wolf und die sieben Geißlein“ und „Die Gänsemagd“ erzählen davon.

Rotkäppchen

Rotkäppchen wird von seiner Mutter alleine auf den Weg zur Großmutter geschickt. In diesem Märchen ist die Mutter zwar noch da, aber das Mädchen wird mit der Aufgabe alleine betraut und soll sie ohne die Hilfe der Mutter bewältigen. Aber Rotkäppchen ist dieser Aufgabe noch nicht wirklich gewachsen; es wird – wie die Großmutter – vom Wolf gefressen. Beide werden jedoch durch die Aufmerksamkeit und Hilfe des Jägers gerettet.

Brüder Grimm

Der Wolf und die sieben Geißlein

Dieses Märchen erzählt von einer Mutter, die Futter holen (einkaufen) geht und ihre Kinder eine Weile allein lassen muss. Ihre Vorsichtsmaßnahmen sind aber nicht ausreichend gewesen und so erwischt der böse Wolf die Geißlein. Zum Glück nicht alle, denn das Kleinste versteckt sich im Uhrenkasten, wo es unentdeckt bleibt und deshalb der Mutter erzählen kann, was passiert ist. Der Mutter gelingt es, die anderen Kinder zu retten.

Brüder Grimm

Die Gänsemagd

Hier macht sich die Königstochter auf den Weg zu ihrem Bräutigam. Die Mutter gibt ihr ein weißes Tuch mit, in das sie drei Tropfen Blut fallen lässt. Als die Tochter es verliert, schwindet damit der Schutz der Mutter und die Kammerjungfer gewinnt alle Macht über sie. So wird die Königstocher zu einem Rollentausch gezwungen und muss eine lange Zeit als Gänsehirtin zubringen, bis die listige Kammerfrau entlarvt wird und die Königstochter endlich wieder ihre rechtmäßige Stelle einnehmen kann.

Brüder Grimm

Werden die Märchen aus unterschiedlichen Blickwinkeln heraus betrachtet und erzählt, ermöglicht das nicht nur eine veränderte Sicht auf die Mütter, sondern auch auf die handelnden Kinder. Sie erscheinen nicht mehr so hilflos und im Stich gelassen, sondern es wird deutlich, wie viel Kraft sie haben und wie sich ihre Kreativität und Selbstständigkeit entfalten kann und soll.
Es gibt zum Thema Mutter und Mutterschaft interessante Bücher, die ausführlich beschreiben, was hier nur angedeutet werden kann. Insgesamt kann die intensive Beschäftigung mit diesem Thema zu einem Aufbrechen starrer Rollenbilder und zu größerer Toleranz gegenüber unterschiedlichen und vielfältigen Verhaltensweisen von Müttern führen.
Auf jeden Fall aber wird deutlich, wie schwierig die Aufgabe ist, die Mütter zu erfüllen haben. Konfrontiert mit einer Fülle von unterschiedlichen Erwartungen und eigenen Ansprüchen, kann es Müttern kaum gelingen ihren Alltag „richtig“ zu bewältigen. Doch täglich versuchen sie es aufs Neue. Deshalb gilt es, den Muttertag als besonderen Tag zu erhalten.

Elternarbeit

Bei einem wichtigen und sehr stark die Familie betreffenden Thema wie dem Muttertag ist es von entscheidender Bedeutung, dass die Eltern in die Inhalte der Kindergartenarbeit und das Erleben des Kindes mit einbezogen werden. Einige Möglichkeiten dazu werden im Folgenden vorgestellt.

Persönliche Gespräche oder Telefonkontakte

Das persönliche Gespräch ist sicher am besten geeignet, die Eltern an den Vorbereitungen zum Muttertagsfest teilhaben zu lassen, zumal, wenn es im Kindergarten üblich ist, Eltern immer wieder zum Gespräch einzuladen und nicht erst, wenn Probleme aufgetreten sind.
Geschickt ist es, die Eltern mehrmals während des Kindergartenjahres telefonisch über die Aktivitäten des Kindergartens zu informieren. Dabei können auch wichtige Entwicklungsschritte des Kindes ausgetauscht werden. Zudem ist dies eine Möglichkeit, die für beide Seiten wenig Aufwand bedeutet.

Elternbriefe und Kindergartenzeitungen

Persönliche Anschreiben oder Informationsbroschüren des Kindergartens verschaffen Eltern einen guten Einblick und regen sie zum Nachfragen an, vor allem, wenn sie ansprechend gestaltet werden und sich in Inhalt und Sprache den Bedürfnissen der Familien anpassen. Das kann auch bedeuten, dass wichtige Passagen mehrsprachig abgefasst werden.

Bilder der Kinder erzählen vom Kindergartenalltag

Auch Bilder, die die Kinder mit nach Hause bringen, erzählen von der Arbeit im Kindergarten. Dabei ist es besonders bei kleineren Kindern, die noch nicht sehr ausführlich erzählen, hilfreich, wenn die Eltern in Stichworten von dem Erlebnis, der Geschichte, dem Bilderbuch oder einem anderen wichtigen Ereignis, das dem Bild zu Grunde liegt, erfahren.

Hospitationen:
Eltern besuchen ihre Kinder im Kindergarten

Besuche während der Öffnungszeit ermöglichen Eltern einen intensiven und direkten Einblick in den Kindergartenalltag ihres Kindes. Der Besuch kann durchaus mit einer Aktivität verbunden werden, die die Eltern in das Geschehen mit einbindet.

Fenster- und Wandgestaltung

Die Gestaltung des Kindergartens wirkt nach außen und erzählt in einer eigenen Sprache von der Arbeit im Kindergarten.
Werden die Aktivitäten des Kindergartens auf Fotos festgehalten und diese ansprechend auf Plakaten zusammengestellt und mit Erläuterungen versehen, können Eltern gut nachvollziehen, womit sich ihre Kinder im Kindergarten beschäftigen. Diese Art der Dokumentation und Präsentation ist bei Eltern sehr beliebt und bietet einen schönen Anreiz in den Kindergarten zu kommen.
Auch Kinder freuen sich an den Plakaten und schauen sie immer wieder an. Zudem unterstützen die Bilder beim Erzählen, die Kinder erinnern sich leichter und können den Eltern begeistert von ihren Erlebnissen und Erfahrungen berichten.

Vorschlag: Künstler und Künstlerinnen beschreiben Mütter

Beim Thema „Muttertag" bietet es sich an, eine kleine Ausstellung zu machen. Die Erzieherinnen sammeln Gedichte, Zitate, Sprichwörter, Bilder und kleine Geschichten oder Briefe von berühmten Menschen an ihre Mütter sowie Zeitungsartikel, Werbesprüche und Ähnliches zum Thema Muttertag. Damit gestalten sie den Flur und falls vorhanden die Elternecke oder das Elterncafé.
Die Eltern können sich die Ausstellung während der Kindergartenzeit in Ruhe anschauen. Besonders schön ist es, wenn die Mütter zu einem Muttertagskaffee eingeladen werden, was ihnen Gelegenheit gibt, sich über die Ausstellung untereinander auszutauschen.
Für die Mütter und sicher auch die Väter ist es interessant zu sehen, wie unterschiedlich Künstler oder Gelehrte ihre Mutter, beziehungsweise Mutterschaft wahrnehmen, beschreiben oder darstellen. Die folgenden Beispiele ermöglichen eine erste Annäherung an das Thema.

Sprichwörter

Mutterliebe ist die beste Liebe,
Gottes Liebe die höchste Liebe.
Deutsches Sprichwort

Eine gute Mutter fragt nicht: Willst du?
Sondern sie gibt.
Griechisches Sprichwort

Zu viel Mutterliebe schadet den Kindern.
Deutsches Sprichwort

Weil Gott nicht überall sein konnte,
schuf er die Mutter.
Sprichwort aus dem Orient

Der Baum lebt von der Wurzel,
der Menschen Wurzel aber ist die Mutter.
Aus der Mongolei

Gedichte

Ach wehe, meine Mutter reißt mich ein.
Da hab ich Stein auf Stein zu mir gelegt
und stand schon wie ein kleines Haus,
um das sich groß der Tag bewegt,
sogar allein.

Nun kommt die Mutter, kommt und reißt mich ein.

Sie reißt mich ein, indem sie kommt und schaut.
Sie sieht es nicht, dass einer baut.
Sie geht mir mitten durch die Wand von Stein.
Ach wehe, meine Mutter reißt mich ein.

Die Vögel fliegen leichter um mich her.
Die fremden Hunde wissen: das ist der.
Nur einzig meine Mutter kennt es nicht,
mein langsam mehr gewordenes Gesicht.

Rainer Maria Rilke

Den Müttern

Vieles Böse geschieht.
Aber dieses, dass Kinder
immer von neuem die Augen aufschlagen zum Leben,
eben umhüllt noch vom Urtraum im Leibe der Mutter,
und schon umfangen vom Auge der Sorge und Liebe,
weinend zuerst,
doch dem Weinen gesellt sich ein Lächeln,
staunend sodann und Ergreifen und endlich ein Rufen –
vieles Böses geschieht,
aber dieses, ihr Mütter,
dieses ist gut.

Albrecht Goes. Rechte beim Autor

Ein Apfelbaum

Ein Apfelbaum muss Äpfel tragen,
zentnerschwer.
Aber im Herbst darf er sagen:
Jetzt ist's genug, jetzt mag ich nicht mehr.
Abgenommen wird ihm die Last.
Ein halbes Jahr hat er Ruh' und Rast.
Mutter hat's kaum
jemals so gut wie ein Apfelbaum.

Hans Baumann

Mutter und Kind

Die Mutter
M – wie Miteinander,
U – wie Umarmung,
T – wie Teilnehmen,
T – wie Trost,
E – wie Erleben,
R – wie Ruhe.

Das Kind
M – wie Miteinander,
A – wie Anlehnen,
M – wie Mitteilen,
A – wie Achtung.

Luzia Wagner, Die Mutter/Das Kind, SOS-Kinderdorf-Jahrbuch, Innsbruck, 1992

Daheim

In meinem Zimmer
steht ein Bett,
auf das falle ich,
wenn ich ganz traurig bin.

In meinem Zimmer
steht ein See,
in den tauche ich,
wenn ich allein sein will.

In meinem Zimmer
steht ein Baum,
auf den klettere ich,
wenn ich jemanden erwarte.

In meinem Zimmer
steht meine Mutter,
an die drücke ich mich,
wenn ich ganz traurig bin.

Manfred Mai.

Zitate

Wer nicht gelächelt der Mutter, den nicht würdigt des Tisches der Gott, des Lagers die Göttin.

Vergil, Vierte Ekloge

Der Mutter kommt kein kühlender Schatten gleich, der Mutter kommt keine Zuflucht gleich, der Mutter kommt kein Schutz gleich, der Mutter kommt keine an Liebe gleich.

Mahabharata, Götter- und Heldenepos der Inder, Buch 12

Die Natur hat das Weib unmittelbar zur Mutter bestimmt,
zur Gattin bloß mittelbar.

Jean Paul, Levana

Es ist nichts reizender, als eine Mutter zu sehen mit einem Kinde auf dem Arme, und nichts ehrwürdiger, als eine Mutter unter vielen Kindern.

Goethe, Wilhelm Meisters Lehrjahre VII, 7

Die erste Erziehung ist am wichtigsten und diese erste Erziehung gebührt unstreitig den Frauen. Wenn der Schöpfer der Natur gewollt hätte, dass sie den Männern zukäme, würde er ihnen Milch zur Ernährung der Kinder gegeben haben.

Rousseau, Émile I

Wenn man der unbestrittene Liebling der Mutter gewesen ist, so behält man fürs Leben jenes Eroberergefühl, jene Zuversicht des Erfolges, welche nicht selten wirklich den Erfolg nach sich zieht.

Sigmund Freud

Die ganze Welt mit ihren Schätzen,
die Mutterliebe kann sie nicht ersetzen.

Karl Gerok

Eine Frau sollte sich vor der Falle der Mutterschaft hüten. Mutterschaft ist eine wahre Sklaverei.

Simone de Beauvoir

Meine Mutter: Ich liebte sie auf meine Weise, aber sie wollte auf die ihre geliebt sein.

Bertolt Brecht

Feste und Feiern

Mit Festen werden nahezu alle Eltern erreicht. Auch bei dieser Möglichkeit, können sich die Eltern - oft über die Kinder - kennen lernen, was meist besser gelingt, als bei Elternabenden. Feste machen Spaß, vertiefen das Zusammengehörigkeitsgefühl und schaffen bzw. verstärken die positive Einstellung der Eltern gegenüber dem Kindergarten.

Einen Elternabend gestalten

Elternabende bieten den Vorteil, dass gleichzeitig viele Eltern erreicht werden können und sich gegenseitig kennen lernen. Zudem können die Eltern hier unmittelbar auf Vorschläge reagieren, was einen intensiven Meinungsaustausch ermöglicht.
Im Folgenden bieten wir zwei Vorschläge für Elternabende rund um den Muttertag an.

Zwei Vorschläge für einen Elternabend

Thema: Helfen macht klug

März oder April ist die Zeit, in der die Eltern eine Informationsveranstaltung zum Thema Einschulung erwarten. Sicherlich ist es etwas ungewöhnlich für einen solchen Elternabend, aber warum sollte man ihn nicht mit den Vorbereitungen zum Muttertag verbinden können? Denn es lassen sich durchaus sinnvolle Beziehungen zwischen beiden Themen herstellen.

Vorüberlegungen

An allen Denkprozessen ist nicht nur der Kopf beteiligt, sondern der ganze Körper, alle Sinne des Kindes. Nur ein Kind, das seine Sinne ausreichend sensibilisieren und entfalten konnte, kann auch seinen Intellekt erfolgreich nutzen. Die Mithilfe im Haushalt beispielsweise bietet allen Kindern (auch Jungen im Kindergartenalter wirken hierbei begeistert mit) viele Möglichkeiten für wichtige Körper- und Sinneserfahrungen. Zudem hat sie den Nebeneffekt, die Selbstständigkeit und das Geschick der Kinder zu fördern, sodass sie bald vieles allein bewältigen können. Ihre Mithilfe wirkt sich dann als tatsächliche Entlastung aus.

Um in der Schule erfolgreich lernen zu können, braucht ein Kind ein erhebliches Maß an Koordinationsvermögen und Körpergeschick. Die Basis dafür wird in den ersten sechs Lebensjahren gelegt, wenn die Kinder mit allen ihren Sinnen lernen, sich und die Umwelt zu begreifen und Zusammenhänge zu erfassen. Dieses Lernen ist untrennbar mit Bewegung und Spüren, also mit konkreter Erfahrung verbunden und geschieht besonders intensiv, wenn es sich auf unbewusster Ebene abspielt und sinnvoll in den Alltag eingebettet wird. Dies wird am Anfang des Lebens besonders deutlich, gilt aber für jedes Alter. Kinder sammeln beim Verrichten alltäglicher Handgriffe in Haus und Garten grundlegende Erfahrungen, die ihnen letztlich auch in der Schule beim Lesen, Rechnen, Schreiben und in Bezug auf die Arbeitshaltung zugute kommen.

Der Informationsabend möchte Eltern durch ein praktisches Beispiel mit diesen Zusammenhängen vertraut machen und so erreichen, dass sie ihre Kinder häufiger mithelfen lassen.

Gestaltung des Abends

Im Kindergarten ist alles vorbereitet, damit die Eltern in kleinen Gruppen eine Quarkspeise zubereiten können. Die Eltern vollziehen die einzelnen Arbeitsvorgänge und überlegen nach jedem Schritt, welche Erfahrungen Kinder dabei machen würden und ob sich ein Zusammenhang zu den Anforderungen in der Schule herstellen lässt. Jede Gruppe hält ihre Ergebnisse für den späteren Erfahrungsaustausch fest.

Erster Schritt: Die Planung

Dabei muss das Kind die einzelnen, nacheinander folgenden, beziehungsweise aufeinander aufbauenden Schritte planen, die dafür benötigten Utensilien und Zutaten besorgen und sie für die eigentliche Handlung zurechtlegen.
In der Schule werden ähnliche Anforderungen an das Kind gestellt. Es muss schon zu Hause überlegen, was es in der Schule brauchen wird, welche Bücher und Hefte es mitnehmen muss und welche sonstigen Dinge benötigt werden. Auch die einzelnen Aufgaben in den Unterrichtsfächern müssen sorgfältig geplant werden, damit sie folgerichtig durchgeführt werden können.
Damit die Planung gelingen kann, muss das Kind alle Abläufe kennen, es muss wissen, was Sinn, Zweck und Ziel der Aufgabe sein wird. Dafür braucht es Kenntnisse und Erfahrung. Dieses Wissen kann ein Kind nur durch konkretes Handeln erwerben.

Zweiter Schritt: Die Durchführung

Das Kind nimmt dabei mit seinen Sinnesorganen die unterschiedlichsten Reize wahr und lernt auf diese Weise besonders intensiv: Es spürt mit seinen Händen und mit den Lippen, zum Beispiel beim Probieren, den Unterschied zwischen warm und kalt, hart und weich. Es macht Erfahrungen beim Öffnen der Quarkbecher und Milchflaschen, stellt dabei Unterschiede fest und erkennt, dass die beiden Behälter sowohl anders angefasst als auch anders geöffnet werden müssen. Diese Erkenntnis wird dem Kind beispielsweise helfen, beim Schreiben den Stift richtig zu halten, nicht zu fest und nicht zu locker. Beim Rühren mit dem Schneebesen führt es kreisende Bewegungen mit dem Handgelenk aus - eine Schwungübung, die ebenfalls auf das Schreiben vorbereitet.

Ganz nebenbei wird durch das Halten der Schüssel mit der einen Hand und das gleichzeitige Rühren mit der anderen die Koordination der beiden Hände geschult, ebenso das Miteinander der Augen und Hände. Bei all diesen Erfahrungen verbessert sich die Zusammenarbeit der Gehirnhälften und der Sinne, was für nahezu jede schulische Anforderung unabdingbar ist.

Dritter Schritt: Das Aufräumen

Kinder müssen erfahren und wissen, dass jedes Tun einen klaren Anfang, eine Mitte und ein Ende hat. Eine Arbeit zu Ende bringen, und dazu gehört auch das Aufräumen, ist daher ein wichtiger Bestandteil jeder Handlung.
Wenn diese Erkenntnis fehlt, bringen Kinder auch in der Schule ihre Arbeit nicht zu Ende. Sie entwickeln keinen Sinn für logische Reihenfolgen, können eine Bildergeschichte nicht richtig zusammensetzen, entdecken nicht, wo Dinge fehlerhaft oder unvollständig sind, räumen ihren Arbeitsplatz in der Schule nicht auf oder machen ihr Mäppchen nicht zu, bevor sie es in ihrem Ranzen verstauen.

Vierter Schritt: Das Ergebnis

Hat das Kind eine Aufgabe übernommen, ist es gut, wenn am Schluss ein Erfolgserlebnis steht. Das ist sicher der Fall, wenn die ganze Familie die Quarkspeise genießt.
Auch in der Schule erhält das Kind sichtbare Ergebnisse, die klar als Folge seiner Stärken, Anstrengungen und Bemühungen oder aber seiner Schwächen erkannt werden.
Kinder, die ihre Stärken im praktischen Bereich kennen, können mit ihren Schwächen, die zu Misserfolgen führen, leichter und selbstbewusster umgehen. Sie gewinnen nicht den Eindruck, dass nur schulische Leistungen zählen. So kann ihre Hilfe und Mitarbeit das Selbstwertgefühl heben und gibt ihnen klar zu verstehen, dass sie einen wichtigen Platz in der Familie einnehmen.

Die Eltern werden sehr erstaunt sein, wie viele Lernschritte und Erfahrungen mit einer einfachen Tätigkeit wie der Zubereitung einer Quarkspeise verbunden sind. Leicht lassen sich diese wichtigen Erkenntnisse auch auf andere Arbeiten im Haushalt übertragen. Die Idee, Kinder einfach nebenbei, bei der Hausarbeit, auf die Schule vorbereiten zu können, findet großen Anklang.

Thema:
Muttertag feiern – ein Abend für aufgeschlossene Väter

Eigentlich hat der Vater am Muttertag ausschließlich eine unterstützende Funktion. Die Kinder möchten an diesem Tag ihre Mutter verwöhnen und brauchen ihren Vater dabei nur, weil sie das noch nicht alleine bewerkstelligen können. Damit dem Vater eine kindgerechte Unterstützung gelingt, laden wir ihn zu einem Väterabend ein. Er soll an diesem Abend einiges lernen, zum Beispiel:

- Wie er seinem Kind einfach, aber wirkungsvoll helfen kann, den Tisch festlich zu decken.
- Wie man praktisch und schnell kleine Leckereien herstellen kann.
- Welche Geschenke er gemeinsam mit seinem Kind herstellen kann.

Beliebte Aktionen mit Vätern sind Holzarbeiten. Bei diesen Säge- und Bastelarbeiten können Kinder aber oft nur wenig mithelfen, weil die Arbeiten schwierig sind oder manche Väter auch zu viel Ehrgeiz in die Perfektion und Schönheit des Produktes stecken. Dem Kindergarten kommt deshalb die Aufgabe zu, von Anfang an deutlich zu machen, dass dies ausdrücklich eine Gemeinschaftsarbeit von Vater und Kind ist und das Geschenk das auch widerspiegeln darf. Ideal ist es, wenn Vater und Kind sich auf einem Gebiet betätigen, in dem der Vater nicht unbedingt Meister ist.
Oft ist es wegen der Arbeitszeiten der Väter fast unmöglich, sie während der Kindergartenzeit zu diesen Aktivitäten einzuladen. Dagegen sind die Kinder am frühen Abend nach einem anstrengenden Tag zu unkonzentriert für eine solche Aktion. Ein Kindergarteneinsatz am Samstag ist auch nicht immer eine Lösung. Auf die gemeinsame Gestaltung muss aber trotzdem nicht verzichtet werden. Die Väter leisten ihre Vorarbeit an einem Väterbastelabend und die Kinder geben den Werken während der Kindergartenzeit den letzten Schliff. So haben sie zwar nicht gleichzeitig, aber trotzdem gemeinsam ein Geschenk gemacht.

Vorschlag: Gute-Laune-Kiste

Vater und Kind basteln gemeinsam eine Kiste. Die Kiste können die Väter an einem Väterbastelabend aus Holz herstellen, die Kinder verzieren sie dann im Kindergarten.

Die Kiste wird mit lauter Sachen gefüllt, die der Mutter gute Laune bereiten. Das können Dinge sein, die Erinnerungen darstellen: Fotos, auf denen ein lustiges Erlebnis festgehalten wurde, von den Kindern gemalte Bilder, Gedichte, eine Feder oder ein Stein, mitgenommen bei einem Spaziergang, ein Gutschein, den die Mutter einlösen darf, und Ähnliches.
Ist die Mutter einmal schlecht gelaunt, kann sie in der Kiste wühlen und dort vielleicht etwas finden, das die schlechte Laune ganz schnell wieder vertreibt.

Vorschlag: Ein Blumenstrauß, der nicht verwelkt

Vater und Kind malen bunte Blumen auf Karton und schneiden sie aus. Oder sie basteln die Blumen aus buntem Ton- und Krepppapier. Für die Blumenstängel umwickeln sie Schaschlikspieße mit grünem Krepppapier und kleben Blätter und Blüten aus Papier daran.
Nun brauchen sie für ihre Fantasieblumen noch eine Vase. Dafür malt das Kind auf einen festen Karton eine Vase mit einem Fantasiemuster. Der Vater hilft, die Vasenöffnung mit einem Ritzmesser oder scharfen Küchenmesser einzuschneiden, sodass die Blumen auch richtig in die Vase gestellt (eingeschoben) werden können. Den nötigen Halt bekommen die Blumen durch einen zweiten Karton, der von hinten dagegen geklebt wird. Dieser zweite Karton wird nur am Rand mit Klebstoff versehen und dann befestigt. Wenn man zusätzlich einen stabilen Kartonstreifen als Ständer auf die Rückseite klebt, kann die Mutter die Vase sogar hinstellen.

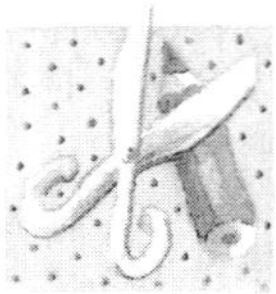

Noch interessanter sind echte Blumen. Besonders spannend wird es, wenn sie als Samen verschenkt werden. Die Vorbereitung dazu kann schon im Sommer vor dem Muttertag beginnen. Die Kinder sammeln im Garten und auf den Wiesen Blumensamen. Dabei lernen sie die Namen der Blumen kennen und erfahren, wie sie wachsen und sich vermehren. Die Samen werden in kleine Tütchen verpackt, die der Vater beschriftet oder bemalt.
Wer keine Gelegenheit zu dieser Vorbereitung hat und die Samen im Geschäft kaufen muss, sollte auf schnell wachsende Sommerblumen achten. Dazu gehören z. B. Kapuzinerkresse, Lupinen, Vergissmeinnicht, Akelei, Goldlack oder Wicken.
Mit Vaters Hilfe besorgen die Kinder den kleinen Garten. Dafür brauchen sie ein flaches Obstkistchen. Sie legen es mit Folie aus und füllen es mit Erde.

Am Muttertag überreichen Vater und Kind ihr Geschenk mit einem Lied:

Hier mein Geschenk

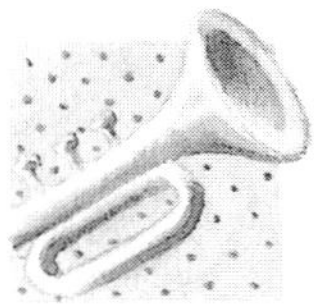

Text und Melodie: Dorothée Kreusch-Jacob, aus: „Ich schenk dir einen Regenbogen",

Nach dem Überreichen der Gartenkiste samt Samentütchen an die Mutter und dem Aussäen heißt es abwarten und fleißig gießen. Das Warten lohnt sich. Bald kann die ganze Familie eine bunte Blumenwiese bewundern und die Mutter hat lange über den Muttertag hinaus Freude an ihrem Geschenk.

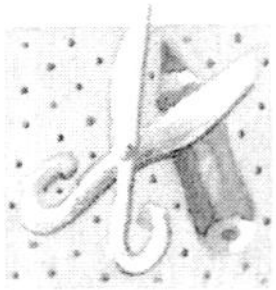

Vater und Kind sitzen am Tisch und haben ein schönes Blatt Papier sowie Buntstifte vor sich liegen. Das Kind fängt an zu malen, es malt eine Blume, eine Sonne, die Mutter oder auch eine Linie, einen Kreis. Der Vater malt an dem Bild weiter. Seine Zeichnung muss sich an das anschließen, was das Kind begonnen hat, er malt zur Blume noch mehr Blumen, einen Baum, ein Haus usw. Dann ist wieder das Kind an der Reihe. Es ergänzt das Bild weiter mit passenden Motiven. So entsteht nach und nach ein Gesamtbild.
Die Gestaltung kann schweigend vorgenommen werden oder beide unterhalten sich darüber, was man auf dem Bild entdecken soll. Vater und Kind beenden das Malen, wenn beide der Meinung sind, dass das Bild fertig ist. Die Anteile der beiden „Künstler" sollten natürlich möglichst gleichgewichtig sein.
Danach gestalten Vater und Kind einen Bilderrahmen aus Karton. Außerdem lässt sich zu dem gemalten Bild sicher eine Geschichte erfinden, die sie der Mutter gemeinsam erzählen können. Schon allein die Entstehungsgeschichte des Geschenks ist erzählenswert.
Es ist natürlich nicht auszuschließen, dass Konflikte auftreten, z. B. bei unsicheren, gehemmten Kindern. Aber da die Väter in der Regel im Malen nicht geübt sind, ist dies eher die Ausnahme. Um eine solche Konfliktsituation zu umgehen oder zu entschärfen, gibt es eine geschickte Variante dieser Idee.

Variante:
Vater und Kind malen wieder miteinander. Aber diesmal bekommt der Maler/die Malerin eine Maske vor die Augen. Der Vater oder das Kind führt nun die Hand des Malers/der Malerin. Es ist reizvoll zu sehen, was dabei herauskommt, und es ist sehr lustig. Das Spiel macht auch in der Kindergartengruppe viel Spaß.

Vorschlag: Eine Geschichte erfinden

Als Hilfestellung erhalten Vater und Kind Gegenstände oder Reizwörter, die sich in der Geschichte wieder finden sollen. Während der Vater die erdachte Geschichte aufschreibt, malt das Kind Bilder dazu. So entsteht ohne großen Aufwand ein originelles Bilderbuch.

Variante:
Erscheint die Aufgabe zu schwierig, kann diese Idee einfach abgewandelt werden, indem die Erzieherin eine Geschichte erzählt. Im Anschluss daran schreiben die Väter die Geschichte auf und die Kinder malen ein passendes Bild dazu.
Es ist spannend und interessant, mit welchen Worten die Väter die Geschichte wiederholen und was sie bzw. ihre Kinder am stärksten beeindruckt hat.

Eine Schachtel Pralinen

Nach einfachen Rezepten stellen Vater und Kind leckere Pralinen her. Sie schneiden Serviettenpapier klein, um die Pralinen einzeln darin einzuwickeln. Nun falten sie eine Pralinenschachtel und betten die kleinen Pralinenpäckchen hinein. – Selbstverständlich sind auch Pralinen zum Probieren und Naschen mit eingeplant.

Mandelpralinen

125g Mandelstifte im vorgeheizten Backofen hellgelb rösten.
100g Kuvertüre und 2 EL Kokosfett im Wasserbad schmelzen, etwas abkühlen lassen und dann die Mandelstifte untermischen. Mit Teelöffeln kleine Häufchen von der Mandelmasse abnehmen und auf Alufolie setzen, fest werden lassen und kühl aufbewahren.

Liebe Mutter, ich danke dir!

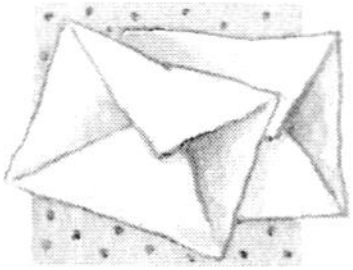

Liebe Eltern,

das Muttertagsfest ist ein Fest, an dem auf vielfältige Weise Dank ausgedrückt werden soll. Kinder lernen schon sehr früh „Danke" zu sagen, wenn sie etwas geschenkt bekommen. Aber sicher wissen Sie, liebe Eltern, aus eigener Erfahrung, wie oft Kinder dieses Wort vergessen, obwohl es von ihnen erwartet wird.
Ein Grund könnte sein, dass den Kindern die Dimension dieser gelernten Formel nicht immer bewusst ist. Oder der Dank wird in einer Situation erwartet, in der das Kind keine echte, spontane Freude und Dankbarkeit empfindet. Das bedeutet keineswegs, dass Kinder undankbar oder unhöflich sind. Sie haben nur ihre eigenen Empfindungen und gebrauchen andere, vielfältige Formen, um sich auszudrücken, und sagen auf ihre eigene und besondere Art danke. Oft wird dieser Dank aber nicht verstanden und achtlos abgetan.
Diese verschlüsselte Art des Dankens kennen wir auch aus einem anderen Bereich. Im Märchen erhalten die Menschen für besondere Dienste manchmal seltsamen Dank. Bei genauem Hinsehen lässt sich aber der Wert dieses Dankes erkennen, er verwandelt sich zu purem Gold, wie das dürre Laub oder andere nahezu wertlose Gaben, die die Personen im Märchen für ihre Hilfe oder eine gute Tat erhalten.
Bei unseren Vorbereitungen zum Muttertagsfest beschäftigen wir uns intensiv mit dem Wort „danke". Wir lassen die Kinder Situationen schildern, in denen sie danke sagen (müssen), und überlegen mit ihnen gemeinsam, warum sie das tun. Dabei nähern sich die Kinder den Gefühlen an, die diese Situationen begleiten, und lernen, sie zu benennen. Sie erkennen, dass es sehr viele unterschiedliche Gefühle gibt und dass dieselben Situationen unterschiedliche Reaktionen auslösen können.
Ebenso vielfältig wie die Art, seinen Dank auszudrücken, ist auch die Art, Dank anzunehmen. Was die eine erfreut, gefällt dem anderen vielleicht gar nicht. Wir möchten den Kindern ermöglichen, verschiedene Reaktionen auszuprobieren und an sich selbst den Umgang mit diesen Reaktionen zu erfahren. Die Kinder lernen so, das Gefühl der Dankbarkeit wahrzunehmen, zu benennen, und sie entdecken auch, dass dieses Gefühl sich mitteilen will. Sie denken sich viele verschiedene Möglichkeiten aus, wie sie am besten danke sagen können. Ganz deutlich wird ihnen auch, wie wichtig es ist, sich in die Person hineinzuversetzen, die das „Dankeschön" erhalten soll. Gleichzeitig entdecken

sie dabei, wie viele unterschiedliche Situationen es gibt, in denen sie selbst einen Dank verdienen.

Wir hoffen, dass Sie unsere Aktivitäten positiv erleben, und freuen uns auf Rückmeldungen und Anregungen. Wir wünschen Ihnen ein schönes Fest am Sonntag zu Hause. Zu einem Muttertagsfest im Kindergarten werden wir Sie noch einladen.

Herzliche Grüße,

Ihr Kindergartenteam

Wir sagen danke

Singt mit mir ein Dankeschön

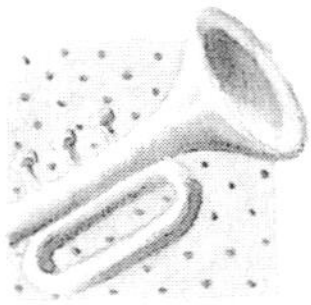

2. Singt mit mir ein Dankeschön …
Kinder malen Sonnenstrahlen
und das Himmelblau.
Grüne Bäume, schöne Träume.
Nimm dir Zeit und schau!

3. Singt mit mir ein Dankeschön ...
Voller Freude singen heute
alle Leute mit.
Über Felder, durch die Wälder
klingt so froh das Lied.
Singt mit mir ein Dankeschön ...

Text: Rolf Krenzer, Melodie: Siegfried Fietz. Aus: „Neue Spiellieder zum Sommerfest Nr. 086",

Wofür wir danken

Nachdenken über das Danken

Die Kinder überlegen, wofür in den Liedstrophen ein Dankeschön ausgesprochen wird und ob sie auch dafür danken möchten. Sie finden noch viel mehr Dankenswertes.

Wie wir danken

Man muss seinen Dank nicht immer mit Worten ausdrücken. Es gibt noch viele andere Möglichkeiten. Ich kann mich bedanken
- mit einem Lächeln
- mit einem Streicheln
- durch Gesten
- indem ich meine Hand auf deine Schulter lege
- mit einem Händedruck
- mit einer Umarmung
- durch Schweigen
- durch Mitspielen (lassen)
- mit kleinen liebevollen selbst gemachten Geschenken
- indem ich mein Frühstücksbrot teile
- oder jemanden auf dem Heimweg begleite
- indem ich jemanden besuche oder einlade
- durch Zuhören
- und vieles mehr.

Mit Hilfe von Bildern oder Fotos kann dieser stumme Dank anschaulich gemacht werden. Zu jedem Bild erfinden die Kinder in einer kleinen Geschichte, wofür und wem die Person auf dem Bild dankt. Schön ist es, wenn während der Kindergartenzeit Fotos gemacht werden, die Situationen zeigen, in denen Kinder anderen danken, denn dadurch können die Eindrücke nachhaltig vertieft werden. Die Kinder erinnern sich beim Betrachten dieser Fotos an die Geschehnisse und es fällt ihnen leicht diese wiederzugeben. Da sie selbst unmittelbar betroffen sind, ist ihre Aufmerksamkeit besonders groß.

Wem wir danken

Gemeinsam überlegen die Kinder, wem sie danken möchten: der Mama, dem Papa, der Freundin, dem Freund, der Erzieherin, der freundlichen Verkäuferin in der Bäckerei, der Nachbarin, Gott und vielen anderen.

Bilder und Geschichten vom Danken

Pablo Picasso: Mutterschaft

Ein Bild betrachten

Viele Bilderbücher, Geschichten, Fotografien und Kunstwerke erzählen von Müttern und Kindern und davon, was Mütter für ihre Kinder tun. Die Motive dieser Texte und Bilder bieten eine Fülle von Hilfen und Anregungen, um das Thema mit den Kindern zu erarbeiten. Ein Beispiel ist das weltberühmte Bild „Mutterschaft" von Pablo Picasso.
Das Bild zeigt eine Mutter mit ihrem Kind. Das Kind steht vor ihr, ist an sie gelehnt und wird von ihr umfangen. Die Mutter küsst es auf die Stirn. Das Bild strahlt Zärtlichkeit, Liebe und Geborgenheit aus.

Picasso, Pablo, Mutterschaft, 1901
© VG Bild Kunst, Bonn 1999

Dieses (oder ein vergleichbares) Bild erhält im Kindergartenzimmer einen besonderen Platz. Nun betrachten die Kinder das Bild in Ruhe und lassen es auf sich wirken. Sie sagen, ob es ihnen gefällt, oder fragen nach, wer hier abgebildet ist, was das Kind in der Hand hält. Vielleicht können sie sogar dazu angeregt werden, die Gefühle zu beschreiben, die das Bild in ihnen auslöst. Sie erzählen von sich und ihrer Mutter und versuchen vielleicht selbst ein Bild zu malen.

Familie Fröhlich

Das Bilderbuch „Familie Fröhlich“ (Sheila Lavelle, Boje-Verlag) erzählt von einer großen Familie. Mutter Fröhlich ist einfach toll und kümmert sich ganz alleine um einen kleinen Apfelbaum, denn ihre große Familie ist immer mit anderen Dingen beschäftigt, wenn sie Hilfe braucht. Als Mutter Fröhlich aber mit den Früchten des Baumes eine leckere Apfeltorte backt, da sind plötzlich alle da und haben Zeit.
Die Geschichte eignet sich sehr gut, um mit Kindern das Thema Mithelfen und Danken zu besprechen.

Die Kinder erzählen die Geschichte weiter und gestalten selbst ein Bilderbuch: Familie Fröhlich hat beschlossen, dass alle zusammen den Apfelbaum pflegen wollen. Wie sie das machen und wer welche Aufgaben übernimmt, erzählen und malen die Kindergartenkinder. Daraus entsteht ein neues Bilderbuch, das etwa so aussehen könnte:

1. Bild: Vater Fröhlich spült das Kaffeegeschirr, Frank und Rita trocknen ab.

2. Bild: Mutter Fröhlich, Tom und Tina harken das Laub zusammen, das der Apfelbaum im Herbst verliert.

3. Bild: Im Sommer gießen alle abwechselnd den Apfelbaum.

4. Bild: Auch bei der Apfelernte helfen alle mit. In diesem zweiten Jahr ist der Baum schon richtig gewachsen. Familie Fröhlich braucht für die Ernte sogar eine Leiter und mehrere Körbe, um die Äpfel ins Haus zu tragen.

5. Bild: Die Äpfel werden versorgt. Vater Fröhlich, Tom und Tina backen mit Tim, der jetzt ein Jahr älter ist und schon mithelfen kann, eine Apfeltorte.

6. Bild: Mutter Fröhlich, Frank und Rita decken den Tisch.

7. Bild: Alle essen Apfeltorte.

8. Bild: Zwei räumen den Tisch ab, die anderen spülen das Geschirr, trocknen es ab und räumen es in den Schrank.

Die Heilung der zehn Aussätzigen

Eine Geschichte aus der Bibel hören

Im Neuen Testament wird eine Geschichte erzählt, in der Jesus zehn Aussätzige von ihrer Krankheit heilt (Lukas 17, 11–16). Nur einer von ihnen geht zu Jesus zurück, um sich bei ihm für die Heilung zu bedanken.

Die Kinder überlegen, ob die anderen neun den Dank wirklich vergessen haben oder vielleicht nur andere Formen gewählt haben, um ihren Dank auszudrücken. Sie könnten beispielsweise danken

- mit einem Gebet
- indem sie anderen, die von der Krankheit betroffen sind, helfen und beistehen
- indem sie jemandem etwas Gutes tun.

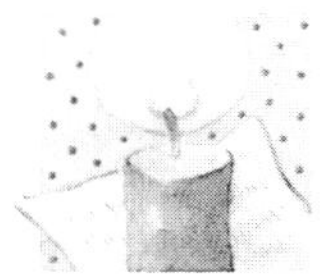

Lieber Gott, ich danke dir,
denn du bist so gut zu mir.
Hast mir Mutter und Vater gegeben,
sorgst für mich mein ganzes Leben.
Fröhlich bin ich alle Tage,
weil ich so viel Gutes habe.
Und wenn ich mal traurig bin,
lauf ich schnell zu einem hin,
der mich lieb hat und mich tröstet.
Lieber Gott, ich danke dir,
denn du bist so gut zu mir.

Muttertag:
Ein Tag, an dem ich danke sag

Gedanken zum Muttertag

Die Kinder erfahren, was der Muttertag eigentlich bedeutet und warum Muttertag gefeiert wird. Sie denken darüber nach, was die Mutter alles für sie tut, und überlegen, wie sie ihr zum Dank eine Freude machen können.

Was kann ich am Muttertag für dich tun?

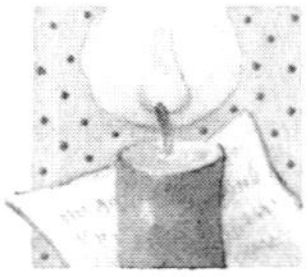

„Mutti, sag, was kann ich nun
am Muttertag heut für dich tun?
Soll ich einen Kuchen backen?
Soll ich dir ein Päckchen packen?
Soll ich gleich zum Kaufmann laufen
und ein neues Kleid dir kaufen?
Oder für dich kochen, braten?
Garten graben mit dem Spaten?
Die Kartoffeln schälen, schneiden?
Einen Pudding zubereiten?
Liebe Mutti, sag mir nun,
was kann ich für dich nur tun?“

„Danke! Das hat wenig Sinn,
weil ich fast schon fertig bin.
Doch bei dir in deinem Zimmer
sieht es aus so schlimm wie immer.
Tu was Liebes! Geh und lauf!
Räum dein Zimmer endlich auf!
Tu's für mich, tu's für dich,
ja, mein Schatz, dann freu ich mich.“

„Immer! Immer!
Nur mein Zimmer!
Muss das wirklich heute sein?
Mutti, du bist so gemein.
Ausgerechnet das
macht mir keinen Spaß!“

Quelle unbekannt

In diesem Gedicht antwortet die Mutter nicht so, wie es das Kind erwartet hat. Sie äußert einen Wunsch, der dem Kind nicht gefällt. Es möchte der Mutter eine Freude bereiten und muss erleben, dass dies nicht nur mit Dingen geht, die Spaß machen. Die Mutter kann sich von ihrem Kind auch etwas wünschen, was ihm unangenehm ist und daher ungern erfüllt wird. Darauf aufbauend ergeben sich interessante Gespräche mit den Kindern.

Weil du meine Mutti bist

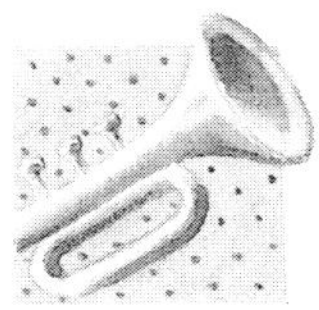

2. Ich schenke dir den Blumenstrauß
und sage danke schön.
Wie gut ich dir von Herzen bin,
das kannst du daran sehn.

3. Und legst du deinen Arm um mich,
drück ich mich fest an dich.
Und du lässt mich und ich lass dich
im Leben nie im Stich!

4. Wenn ich einst selber Kinder hab
so kommt's mir in den Sinn,
wünsch ich, dass ich genau wie du,
so eine Mutti bin.

Text: Rolf Krenzer/ Musik: Detlef Jöcker
Aus: „Elefantis Liederwiese", © Menschenkinder Verlag, Münster

Ich möchte mal am Wunschring drehn

Die Kinder sitzen im Stuhlkreis. Zwei Kinder spielen Mutter und Kind. Die Mutter bügelt Wäsche (Utensilien aus der Puppenecke), das Kind spielt auf dem Boden (mit Bauklötzen, Lego-Steinen oder einer Puppe).
Auf einmal seufzt die Mutter laut und sagt zum Kind:
„Ich möchte mal am Wunschring drehn
und mir was wünschen, das wäre schön."
Das Kind antwortet:
„Komm her zu mir, ich helfe dir,
sag mir ins Ohr, was wünschst du dir?"
Die Mutter flüstert dem Kind etwas ins Ohr. Das Kind zeigt nun pantomimisch, was sich die Mutter gewünscht hat. Die Kinder im Stuhlkreis erraten es.
Dann übernehmen andere Kinder die Rollen.

Interessant an dem Spiel ist, dass sich das Kind in der Mutterrolle Wünsche ausdenken muss. So lernen die Kinder, sich in die Mutter hineinzuversetzen und zu erkennen, welche Wünsche sie hat. Sie werden angeregt darüber nachzudenken, wie die Wünsche realisiert werden können. Auf diese Weise kann man mit den Kindern gemeinsam erarbeiten, was ein geeignetes Muttertagsgeschenk sein könnte.

Ein schönes Geschenk zum Muttertag sind Gutscheine, die die Kinder gestalten:

- Die Kinder malen darauf, wie sie der Mutter helfen möchten.
- Sie malen ein Bild zum Thema „Meine Mama und ich".
- Sie malen oder basteln Blumen und stellen sie zu einem bunten Blumenstrauß zusammen.
- Sie basteln einen Vogel, der einen Zettel im Schnabel hat, darauf steht: „Ein Gruß von mir, ich hab dich lieb!"

Muttertag können nur Frauen feiern, die Kinder haben. Dieser Tag erinnert auch an die gravierende Veränderung, die eine Entscheidung für Kinder im Leben einer Frau auslöst.
Am Geburtstag des Kindes steht das Kind im Mittelpunkt und das ist auch richtig so. Am Muttertag aber ist nicht das *Kind* das Wichtigste, sondern die *Mutter.* Für Kinder ist es jedoch bei der Vorbereitung auf ihre Rolle an diesem Tag aufregend und spannend zu erkennen, dass eigentlich sie selbst Anlass für dieses Fest sind. Die folgende Geschichte erzählt davon:

Wie aus *Frau* Berger *Mutter* Berger wurde

Tim und Karin sind bei der Oma zu Besuch. Sie sind gespannt, was Oma mit ihnen vorhat, denn sie hat gesagt, sie würde ihnen etwas Besonderes zeigen. Eigentlich wollten sie draußen spielen und wie sonst, wenn sie bei der Oma sind, im Garten herumtollen. Tim hat sich schon so darauf gefreut, endlich wieder auf Bäume klettern zu können. Das ist immer das Schönste bei Oma. Der große Garten mit den vielen Bäumen. Das haben sie zu Hause nämlich nicht. Aber heute regnet es und es ist ganz trüb.
„So schnell wird das nicht aufhören und außerdem ist nach dem Regen alles noch ganz lange nass", erklärt Oma den Kindern, die missmutig zum Fenster hinaus schauen.
„Uns ist langweilig, was sollen wir denn jetzt machen?" Tim ist den Tränen nahe. Im Zimmer sitzen, das muss er zu Hause immer. Und Oma hat kaum Spielsachen. Fernsehen darf er bei ihr auch nicht. Oma findet, das ist nichts für kleine Kinder – dabei ist er schon fünf!
Karin schaut die Oma bittend an. „Spiel mit uns", sagt sie.
„Oder erzähl uns Geschichten, Geschichten von früher", ergänzt Tim schnell. Geschichten erzählen, das kann Oma nämlich am allerbesten, und spielen ist sowieso langweilig, weil Karin ja fast noch ein Baby ist.

Oma schaut die Kinder an, sie sind ganz erwartungsvoll.
„Geschichten von früher“, wiederholt sie langsam. Und dann hat sie tatsächlich eine Idee. „Wartet kurz, ich hole nur schnell noch etwas, das ich euch zeigen möchte.“
Sie eilt aus dem Zimmer und die Kinder warten neugierig. Wenig später kommt sie zurück. Sie hat ein dickes Buch unter dem Arm.
„Liest du uns was vor?“ Tim ist enttäuscht. „Du sollst erzählen, nicht vorlesen.“
„Ich lese nicht vor, ich möchte euch nur Bilder zeigen", erklärt Oma.
„Was für Bilder?“, will Tim wissen.
„Gleich verstehst du es, du kleiner Ungeduld“, lacht Oma. „Aber erst setzen wir uns gemütlich auf das Sofa.“
Die Kinder kuscheln sich rechts und links an Omas Seite. Dann schlägt Oma das große Buch auf. In dem Buch sind Fotografien, aber ganz seltsame. Sie sind nicht groß und bunt, wie Tim sie von zu Hause kennt, sondern klein und schwarzweiß. Oma zeigt auf die Bilder: „Seht mal! Diese Frau, das ist meine Mutter. Und das kleine Mädchen an ihrer Hand, das bin ich.“
Voller Staunen betrachten die Kinder die Bilder und lauschen den Erzählungen der Oma. Zu jedem Bild fällt ihr etwas Besonderes ein. Manchmal erinnert sie sich an ganz viele Dinge und aus den Erinnerungen wird eine richtige Geschichte. Tim und Karin wundern sich, wie die Oma als Kind gelebt hat. Alles sah ganz anders aus. Tim kann es kaum glauben: Diese junge fremde Frau auf dem Bild, das soll seine Oma sein? Verstohlen schaut er sie von der Seite an. Oma fängt seinen Blick auf.
„Da staunst du, was?“, sagt sie. „Ich muss mich auch wundern, wie schnell die Zeit vergangen ist und wie viel sich verändert hat.“
Sie blättert nachdenklich weiter und zeigt dann auf ein Bild: „Das ist eure Mutter. Hier ist sie drei Jahre alt. Genauso alt wie Karin jetzt. Den Blumenstrauß, den sie in der Hand hält, hat sie für mich gepflückt. Es war das erste Mal, dass sie mir zum Muttertag einen Blumenstrauß gebracht hat.“
Karin versteht das alles noch nicht so richtig. Aber im Kindergarten haben sie heute Morgen über Muttertag gesprochen. Das weiß sie noch und eifrig sprudelt sie hervor: „Wir feiern im Kindergarten Muttertag.“
Auch Tim erzählt vom Muttertag. „Frau Knies hat mit uns ein Geschenk gebastelt, weil am Sonntag Muttertag ist. Sie hat ge-

sagt, Muttertag kann man nur feiern, wenn man Mutter ist. Was hat sie denn damit gemeint?“
Oma lächelt. Dann blättert sie wieder im Album und zeigt ihnen ein anderes Foto. „Das ist eure Mama als junge Frau. Da hat sie euren Vater noch nicht gekannt und auch euch noch nicht gehabt.“
Tim betrachtet aufmerksam die Bilder. Mama blättert auch manchmal im Fotoalbum. Vor allem wenn Karin oder er Geburtstag haben. Auf den Bildern sind immer er oder Karin zu sehen, mit Mama oder Papa und ganz oft auch alleine. Aber solche Bilder von Mama hat er noch nie gesehen. Oma hat ganz viele davon. Die Bilder und Oma erzählen Tim und Karin von der Zeit, als ihre Mama noch gar keine Mama war.
Den ganzen Nachmittag blättern sie in dem alten Fotoalbum und merken gar nicht, wie schnell die Zeit vergeht. Und als sie am Abend abgeholt werden, muss Oma ihnen versprechen, dass sie nächstes Mal wieder Geschichten aus dem Album erzählen wird.

Für die Kinder ist es eine neue und verblüffende Erkenntnis, dass ihre Mama nur deshalb Mama ist, weil es sie - die Kinder - gibt.

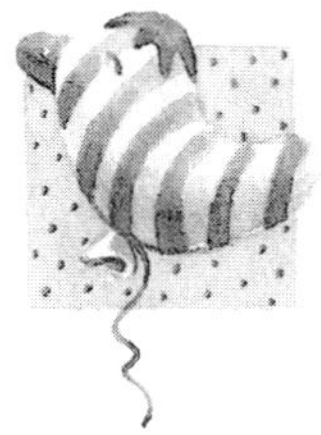

„Vorher war sie nur eine Frau?“, fragen sie ungläubig.
Aus diesen Überlegungen heraus entsteht eine besondere Geschenkidee: Die Kinder verschenken zum Muttertag sich selbst. So bekommt der Muttertag noch eine andere Dimension, nämlich die Freude der Mutter darüber, dass sie ein Kind oder mehrere Kinder hat.
Mit einem Gedicht können die Kinder diese Überlegungen zum Ausdruck bringen:

Ein ganz besonderes Geschenk

Du sollst etwas Besondres haben,
kostbarer als alle andern Gaben.
Hier steht es schon für dich bereit.
Mach deine Arme auf - ganz weit.
Dann flieg ich dir entgegen
- schnell wie der Wind.
Umarm mich fest, denn das Geschenk
bin ich - dein Kind!

Ein Fest im Kindergarten

Wir sagen „Danke“ und laden die Mutter in den Kindergarten ein. Jedes Kind bekommt eine schön gestaltete Einladungskarte, die es seiner Mutter überreicht.

Für das Fest haben die Kinder das Lied „Wie dank ich dir am Muttertag“ gelernt und singen die Strophen 1, 4, 5 und 6.

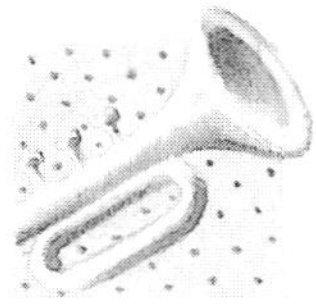

2. Was schenk ich dir, was schenk ich dir zum Ma-Me-Mi-Mo-Muttertag?
Die Blumen hier, die Blumen hier für dich zum Muttertag.

3. Was mal ich dir, was mal ich dir zum Ma-Me-Mi-Mo-Muttertag?
Ein Bild von mir, ein Bild von mir für dich zum Muttertag.

4. Was sag ich dir, was sag ich dir am Ma-Me-Mi-Mo-Muttertag?
Ich danke dir, ich danke dir nicht nur am Muttertag.

5. Was mach ich hier, was mach ich hier am Ma-Me-Mi-Mo-Muttertag?
Ich helfe dir, ich helfe dir nicht nur am Muttertag.

6. Was wünsch ich dir, was wünsch ich dir zum Ma-Me-Mi-Mo-Muttertag?
Gott schenke dir, Gott schenke dir Gesundheit jeden Tag.

Ein Gedicht lernen

Nach dem Lied „schenken“ die Kinder ihren Müttern das Gedicht „Ein ganz besonderes Geschenk“ (siehe S. 55).

Eine Mutter erzählt

Erst war ich gar nicht begeistert, als meine Tochter mit diesen Muttertagsgeschichten vom Kindergarten nach Hause kam. Ich halte eigentlich nicht viel von Muttertag und dem ganzen Drumherum. Ich bin der Meinung, dass mir die Kinder und vor allem mein Mann das ganze Jahr hindurch helfen sollten, und fordere das auch ein.

Der Einladung zum Kindergartenfest bin ich dann mit gemischten Gefühlen gefolgt, einerseits immer noch ein bisschen ablehnend, andererseits aber auch neugierig geworden durch die Erzählungen von Yvonne, meiner Tochter. Zudem hat sie sich wirklich verändert. Sie achtet viel stärker auf Situationen, in denen *wir* danke sagen, und sagt es auch selbst viel öfter. Sie ist mir gegenüber aufmerksamer geworden, gibt mir immer wieder ganz spontan einen Kuss oder drückt mich und sagt, ich wäre ihre allerliebste Mama. Das freut mich sehr und macht mich auch nachdenklich. Vielleicht ist es wirklich nötig und richtig, mit einem Fest und einem Ritual an sich Selbstverständliches wieder stärker bewusst zu machen.

Das Kindergartenfest selbst hat mich ganz tief berührt. Als Yvonne in meine Arme geflogen kam, strahlend und aufgeregt, das Gefühl, das ich da hatte, das ist ganz unbeschreiblich. Im Alltag bin ich oft ungeduldig und unzufrieden, da passt mir meine Hausfrauenrolle oft gar nicht und die Kinder sind mir manchmal zu viel. Aber in diesem Moment mit Yvonne im Arm, da wusste ich wieder, warum ich es so gewollt habe und wie reich ich eigentlich bin. Diesen Moment des Glücks kann ich bewahren und mich an ihn erinnern, wenn es mir mal wieder nicht so gut geht.

Komm,
ich zeig dir meine Familie

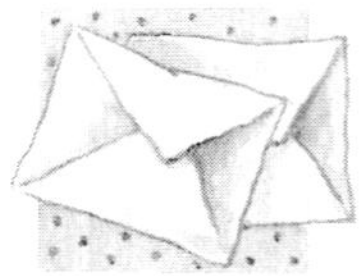

Liebe Eltern,

Kinder erleben heute nicht mehr „die Familie“, sondern eine Vielzahl unterschiedlicher Familienformen. Sie leben vielleicht nur mit dem Vater oder mit der Mutter zusammen und haben zu dem anderen Elternteil wenig oder gar keinen Kontakt, sie mussten eine Scheidung verkraften oder gar den Tod eines Elternteils. Diese Veränderungen werden auch im täglichen Erleben mit den Kindern in unserem Kindergarten deutlich, wenn sie von ihrem Zuhause erzählen. Sie schildern häusliche Situationen, beschreiben Erlebnisse und Gefühle oder drücken in Bildern und in ihrem Verhalten aus, was sie bewegt und was sie mit den Geschwistern und den Eltern gemeinsam unternommen haben.

Zunächst ist für alle Kinder die sie umgebende Familie eine Selbstverständlichkeit. Es dauert eine gewisse Zeit bis sie in der Lage sind, andere Familien vergleichend wahrzunehmen. Doch auch ganz kleine Kinder haben schon feine Antennen für die Stimmungen und Gefühle, die ihnen entgegengebracht werden. Entspricht ihre Familiensituation nicht der gesellschaftlichen Norm, spüren sie sehr wohl, wenn ihre Umgebung dies missbilligt oder die allein erziehende oder geschiedene Mutter bzw. der Vater darunter leidet. Nur können sie es meist weder benennen noch ohne Hilfe verarbeiten, erscheinen dann oft schwierig, auffällig und verstärken dadurch bereits vorhandene Schuldgefühle, vor allem von Müttern.

Da immer mehr Kinder von dem sozialen Wandel der Familie betroffen sind und zur Entwicklung eines eigenen positiven Lebensgefühls auch eine positive Einstellung zu ihren Bezugspersonen brauchen, ist es aber gerade für diese Kinder wichtig, im Kindergarten einen Ort zu finden, der diesen Teufelskreis durchbricht. Wir Erzieherinnen können mit unseren Reaktionen und Gefühlen dem Kind und seinen Schilderungen gegenüber ausgleichend und stärkend wirken, ihm positive Einstellungen zu seiner familiären Situation vermitteln oder die Schwierigkeiten verstärken. Die Vorbereitung auf den Muttertag trägt unserer Meinung nach entscheidend dazu bei.

Bei diesen Vorbereitungen setzen wir uns deshalb zum Ziel, mit den Kindern über Familie zu reden. Die Kinder beschreiben ihre eigene Familie und denken darüber nach, wie sie sich ihre Traumfamilie vorstellen würden. Sie erkennen staunend, dass andere Kinder sich oft genau das wünschen, was sie selbst haben, aber manchmal gar nicht mögen, z. B. viele Geschwister oder keine Geschwister, zwei „Mütter“, Großeltern usw. Sie hören in Geschichten von Vor- und Nachteilen der einzelnen Konstellationen. Indem sie von den Gefühlen anderer etwas erfahren, lernen sie, eigene Gefühle zu benennen und auszuleben.

In der Vorbereitung zum Muttertagsfest werden dem klassischen Bild der Familie (Mutter, Vater und zwei Kinder, die Mutter sorgt für ein behagliches Heim, der Vater geht zur Arbeit) andere Familienformen mit anderen Rollenbildern gegenüber gestellt. Die Kinder erleben dies als Selbstverständlichkeit: „So ist es bei euch, so ist es bei uns.“
Wir wünschen uns, dass die Kinder dann zum Muttertagsfest die Person einladen, die „wie eine Mutter“ für sie sorgt. Das können also auch der Vater, die Oma oder die Tagesmutter sein. Damit erfüllt sich unsere Hoffnung auf ein buntes und offenes „Mutter“tagsfest.
Wir freuen uns wie immer über Anregungen und Rückmeldungen.

Herzliche Grüße

Ihr Kindergartenteam

Besuch mich mal

Besuch mich mal

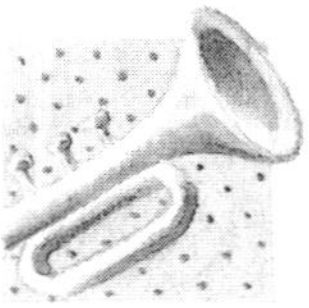

2. Ich wohne im Karottenweg.
Du suchst die Nummer 10
und auf dem weißen Namensschild
da muss mein Name stehn.

3. Du gehst durch unser Gartentor
und klingelst an der Tür.
Ich komme gleich und öffne dir
und schon bist du bei mir.

4. Ich stell dich meiner Mutter vor.
Sie gibt dir dann die Hand.
Ich sage: „Schau, das ist mein Freund!"
Und ihr seid gleich bekannt.

5. Mein Bruder ist noch ziemlich klein.
Er spielt am liebsten mit.
Ich führ dich in mein Zimmer rein,
dann spielen wir zu dritt.

6. Und meine Schwester ist schon groß.
Sie ist ganz selten da.
Nun kennst du die Familie schon,
es fehlt nur noch Papa.

7. Du fürchtest dich vor unserm Hund?
Mach nicht so ein Gesicht!
Der bellt und freut sich, wenn du kommst,
doch beißen tut er nicht.

8. Im Apfelbaum beim dritten Ast,
dort wo das Laub ganz dicht,
da hab ich mein Geheimversteck.
Verrat es bitte nicht!

9. Am Gartenbeet im Sonnenschein,
da ist der Tisch gedeckt.
Die Mutti gießt uns Limo ein
und freut sich, wenn's uns schmeckt.

10. Und wenn du später heimgehn musst
und unser Spiel ist aus,
dann holt Papa sein Auto raus
und fährt dich schnell nach Haus.

Text: Rolf Krenzer, Melodie: Inge Lotz
Aus Rolf Krenzer: „Ein Strumpf gehört an jedes Bein", Verlag Ernst Kaufmann, Lahr

Das Lied beschreibt die Familie, die darin vorgestellt wird, sehr anschaulich. Die Kinder werden angeregt von ihrer Familie zu erzählen.

Meine Familie, meine Wohnung

Die Kinder zählen auf, wer alles zur Familie gehört. Auf einem großen Blatt Papier malen sie ihr Zuhause, die einzelnen Zimmer der Wohnung und alle, die bei ihnen zu Hause wohnen. Dabei erzählen sie, wer in welchem Zimmer hauptsächlich wohnt und was die einzelnen Familienmitglieder in der Wohnung machen.

Die Kinder falten ein Haus

Benötigt wird folgendes Material:
- buntes Tonpapier (20 x 20 cm)
- Buntstifte
- Wachsmalkreide

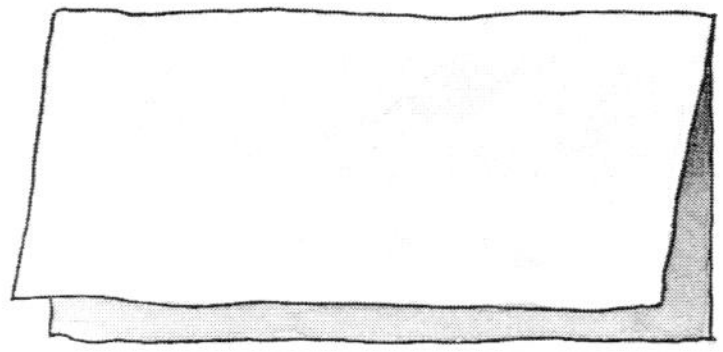

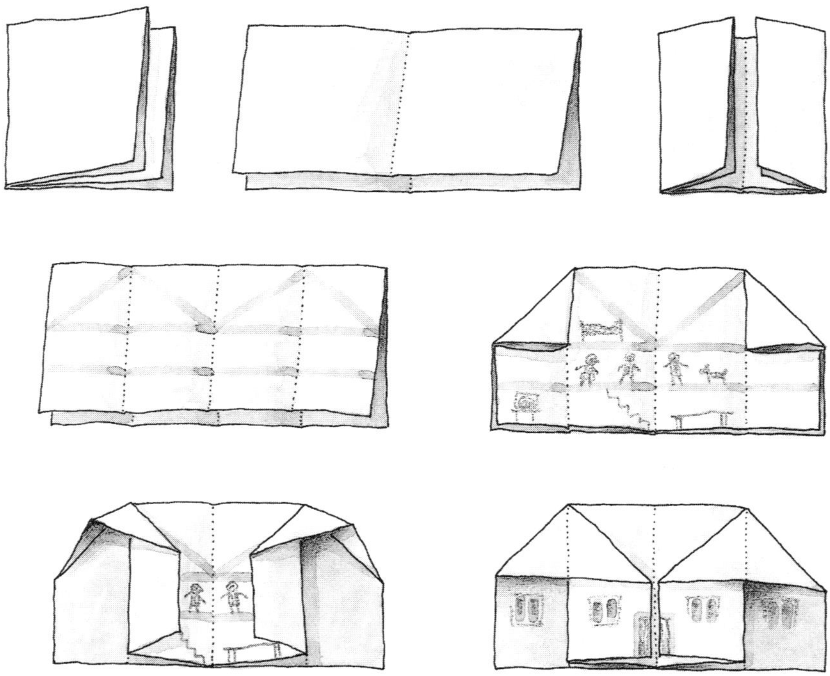

Faltanleitung

- Das Quadrat wird einmal in der Mitte gefaltet, sodass ein Rechteck entsteht. Der Falz zeigt nach oben.
- Dieses Rechteck wiederum einmal in der Mitte falten, ein kleines Quadrat entsteht. Dieser letzte Schritt wird rückgängig gemacht: Das kleine Quadrat wird wieder aufgeklappt.
- Nun knickt man die beiden kurzen Außenseiten des Rechtecks zur Mittellinie, klappt sie aber auch wieder auf. Das Rechteck hat nun drei Längsfalten.
- Anschließend werden die Dachspitzen des Hauses gefaltet. Dazu die rechte obere Spitze des Rechtecks bis zur ersten rechten Längsfalte nach innen einklappen. Die linke obere Spitze gegengleich nach innen falten. Der Umriss gleicht nun schon einem Haus.
- Zum Schluss die beiden rechts und links entstandenen Außenflügel zur mittleren Längsfalte aufklappen, sodass zwei Dreiecke als Dachgiebel entstehen.

Das Haus wird jetzt mit Wachsmalstiften oder Buntstiften bemalt. Die Außenfassade erhält Fenster und eine Tür und in die Innenräume malt das Kind seine Familie.

Variante:
Die Kinder bringen Fotos von zu Hause mit. Sie malen ein Haus auf Tonkarton und schneiden für jedes Familienmitglied ein Fenster oder eine Tür in das Haus. Hinter die entstandenen Öffnungen kleben sie die Fotos.

Die Familie

Fingerspiele

Das ist der Vater, lebhaft und gut.
Das ist die Mutter mit frohem Mut.
Das ist die Schwester, lang und groß.
Das ist der Bruder, mit dem Häschen im Schoß.
Das ist das Kindlein klein.
Das soll die ganze Familie sein.

Überliefert

Zunächst die Finger einzeln zeigen, dann die ganze Hand.

Mäusefamilie

Tief unten im Keller *(auf den Boden zeigen)*
in unserem Haus *(mit den Händen Haus darstellen)*
wohnt eine ganze Familie Maus.
Ich will sie euch beim Namen nennen,
dann lernt ihr sie auch richtig kennen:

Erst der Vater, er heißt „Herr von Maus"
und sieht wie alle Mäuse aus.
Hat ein weiches, graues Fellchen *(mit einer Hand über den Handrücken der anderen Hand streicheln),*
Schwänzchen, sooo lang *(Länge anzeigen),*
ein spitzes Köpfchen mit Öhrchen dran *(Fingerspitzen einer Hand zusammendrücken und entsprechend bewegen)*
und Füßchen zum Ausreißen *(Laufbewegung mit einer Hand).*

Dann die Mutter, sie heißt „Frau von Maus"
und sieht wie alle Mäuse aus.
Hat ein ...

Sie haben drei Kinder: das Mäusefritzchen,
das Mäuserumpelstilzchen und die kleine Ilsemaus.
Sie sehen wie alle Mäuse aus.
Sie haben ein ...

Die kleine Ilsemaus schaut gerade zum Fenster hinaus,
Nun hat sie uns entdeckt
und sie alle haben sich schnell versteckt *(Hände hinter den Rücken verstecken).*

Überliefert

Das folgende Gedicht benennt viele verschiedene Tierkinder und verrät, wie deren Eltern heißen. Kindern macht es viel Freude das Gedicht mitzusprechen. Sie malen Bilder, die sie beim Nachsprechen den anderen Kindern zeigen.

Die Mutter vom Kälbchen heißt Kuh

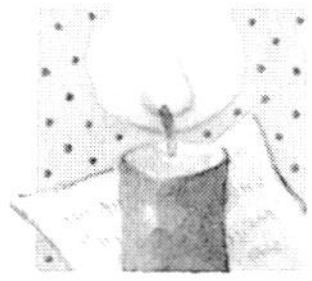

Die Mutter vom Kälbchen heißt Kuh,
sie stupst es an und macht „muh".
Der Vater vom Kälbchen heißt Stier.
Er ist nur selten hier.

Die Mutter vom Schäfchen heißt Schaf,
sie wiegt es sacht in den Schlaf.
Der Vater vom Schäfchen heißt Bock.
Er gibt die Wolle zum Rock.

Die Mutter vom Fohlen heißt Stute,
sie lässt es trinken, die Gute.
Der Vater vom Fohlen heißt Hengst,
ist zärtlicher als du denkst.

Die Mutter vom Küken heißt Henne,
sie lebt mit ihm auf der Tenne.
Der Vater vom Küken heißt Hahn.
Er kräht, so laut er nur kann.

Die Mutter vom Ferkel heißt Sau,
sie ist nicht dumm, sondern schlau.
Der Vater vom Ferkel heißt Eber,
ist stark wie ein Wagenheber.

Die Mutter vom Kätzchen heißt Katze,
sie streichelt es mit der Tatze.
Der Mann von der Katze heißt Kater
und manchmal schnurrt er, der Vater.

Die Mutter vom Kitz heißt Reh,
sie zeigt ihm Gräslein und Klee.
Der Vater vom Kitz heißt Rehbock.
Mit seinem Geweih macht er „tock".

Und deine Mutter zu Haus?
Wie heißt sie? Wie sieht sie aus?
Sie wartet auf dich, mein Kind.
Drum, husch, nach Hause geschwind.

Und was macht dein Vater zu Haus?
Wie heißt er? Wie sieht er aus?
Er wartet auf dich, mein Kind.
Drum, husch, nach Hause geschwind.

Varianten des Schlussverses:

Dein Vater wartet zu Haus
auf dich, denn die Kita ist aus.
Die Mutter ist noch nicht da.
Doch bald wird sie kommen – hurra!

Deine Mutter wartet zu Haus
auf dich, denn die Kita ist aus.
Der Vater ist noch nicht da.
Doch bald wird er kommen – hurra!

Oder:

Deine Mutter/dein Vater wartet zu Haus
auf dich, denn die Kita ist aus.
Der Vater/die Mutter ist auch schon da
und das Essen ist fertig – hurra!

An das Gedicht kann sich ein Gespräch darüber anschließen, was die Tiereltern tun. Und die Menscheneltern? Die Mutter oder der Vater im Gedicht warten mit dem Essen auf die Kinder. Die Kinder sollen überlegen und aufzählen, was ihre Eltern außer Kochen sonst noch alles tun.

Manche Familien sind anders

Nikolai sucht sich eine neue Familie

Nikolai ärgert sich fürchterlich über seine Mutter. Und überhaupt, je länger er darüber nachdenkt, desto weniger gefällt es ihm zu Hause. Deshalb beschließt er fortzugehen und sich eine neue Mutter und eine richtig nette Familie zu suchen.
Unterwegs trifft er verschiedene Kinder, denen er von seinem Wunsch erzählt. Diese beschreiben ihre Familien und erzählen, wie es bei ihnen zu Hause zugeht.
In den Gesprächen werden die Vor- und Nachteile der jeweiligen Familienform deutlich. Die Geschichte kann ganz individuell auf die Familienformen in der jeweiligen Kindergruppe eingehen und diese erzählend beschreiben.
Nach einer kurzen Erzählung zum Einstieg können die Kinder die Geschichte auch selbst in Form eines spontanen Rollenspiels weitererzählen.

So stelle ich mir meine Traumfamilie vor

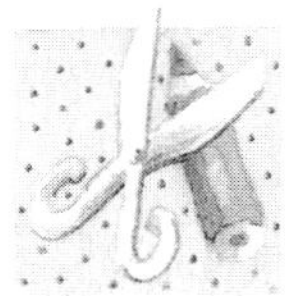

Die Kinder basteln aus Toilettenpapierrollen die Mitglieder ihrer „Traumfamilie". Folgendes Material wird benötigt:

- viele leere Toilettenpapier- und Küchentücherrollen
- buntes und weißes Papier zum Bekleben der Rollen
- Wolle oder Watte, Bänder und Stoff für Haare, Kleider usw.
- Scheren, Stifte und Klebstoff

Die Kinder bekleben die Papierrollen mit den Materialen, und zwar den Gestalten entsprechend, die sie verkörpern sollen: Mama, Papa, Geschwister, Oma, Opa und weitere Familienmitglieder. Durch Kürzen der Rollen werden die Größenunterschiede der einzelnen Familienmitglieder deutlich. Auch typische Merkmale der Figuren wie Brille oder Bart lassen erkennen, wen die jeweilige Puppe darstellt.

Die Familien-Puppen regen die Fantasie der Kinder an, sie spielen mit ihnen Familiensituationen nach. Die Puppen eignen sich auch zum Vorspielen von Situationen (typische Konfliktsituationen) und anschließender Aufarbeitung mit der Kindergruppe.

Bei uns zu Haus ist's schön

Bei uns zu Haus ist's schön

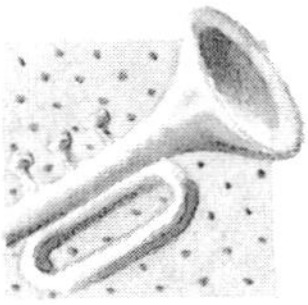

2. Bei uns zu Haus ist's schön.
Das kann doch jeder sehn.
Wenn wir zusammen reden, reden, reden,
wird jeder das verstehn:
Bei uns zu Haus ist's schön!

3. … wenn wir zusammen spielen …

4. … wenn wir zusammen schmusen …

5. … wenn wir zusammen lachen …

6. … wenn wir zusammen schimpfen …

7. … wenn wir nach schlimmen Tagen uns vertragen …

8. … wenn wir zusammen feiern …

9. Bei uns zu Haus ist's schön.
Lass dich bei uns mal sehn!
Bist du in unsrer Mitte, Mitte, Mitte,
dann wirst du das verstehn:
Bei uns zu Haus ist's schön!

Text: Rolf Krenzer, Melodie: Paul Walter
Aus: MC „Ein Wolkenpferd reiten", © Musikbär Verlag, Schriesheim

Die Kinder spielen die Situationen der einzelnen Strophen nach, malen Bilder dazu und denken sich weitere Strophen aus.

Für Kinder ist es spannend zu erfahren, wie sie zu einer Familie wurden. Eine kleine gereimte Geschichte erzählt davon.

Wie wir eine Familie wurden

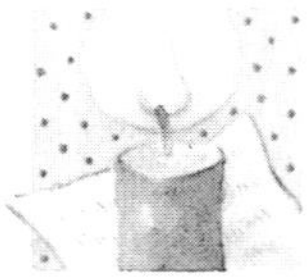

Bevor es mich gab,
war mein Vater gar kein Vater,
er war nur ein Mann und allein.
Auch meine Mutter
war keine Mutter,
sie war eine Frau und auch sie war allein.
Aber als sie sich trafen, lachten
sie beide sich zu und dachten:
„Das wird nun vielleicht nicht mehr lange so sein."

Sie blieben zusammen und wurden ein Paar
und fanden es einfach wunderbar.
Aber Vater und Mutter
waren sie immer noch nicht.
Das wurden sie schließlich erst –
durch mich!

Jetzt sind sie beides:
Frau und Mann und Mutter und Vater.
Wir sind eine Familie mit Kind, Hund und Kater.

Fotos anschauen

Es macht Kindern Spaß Fotoalben anzuschauen, sich selbst als Baby zu sehen und so eine Brücke über die Jahre zu bauen. Auch bei Veränderungen in der Familie, beispielsweise bei der Geburt eines Geschwisterkindes, ist das Betrachten der alten Fotos sehr hilfreich.

Viele Bilderbücher erzählen von den Ereignissen innerhalb einer Familie. Unsere Auswahl beschreibt besonders den Familienalltag und die damit verbundenen Aufgaben und Pflichten.

Bilderbücher zum Thema Familie

Du und ich, kleiner Bär

Der kleine Bär möchte mit dem großen Bären spielen. Der hat aber keine Zeit. Liebevoll wird der Alltag der beiden Bären geschildert und wie sie ihn gemeinsam bewältigen.
Für Kindergartenkinder vermischen sich die Tätigkeiten spielen und arbeiten. Sie wollen einfach nur dabei sein und mit etwas Geschick gelingt es, sie in die Arbeit zu integrieren. Sie erleben dann - wie der kleine Bär - einen schönen, ausgefüllten Tag und fühlen sich wohl, wenn sie helfen können.
Die Figur des großes Bären ist nicht festgelegt. So werden die Kinder in ihrer Wahrnehmung der Rollenverteilung nicht beeinflusst und können mit dem großen Bären ganz unterschiedliche Personen assoziieren: Mutter, Vater, Oma, Opa, Tagesmutter - je nachdem, wer ihren eigenen Tagesablauf hauptsächlich bestimmt.

Text: Martin Waddell, Illustrationen: Barbara Firth, „Du und ich, kleiner Bär".
Annette Betz Verlag, Wien/München, 1996

Die dumme Augustine

Immer mehr Kinder erleben die Berufstätigkeit ihrer Mutter. Das Bilderbuch von der dummen Augustine schildert, warum Mütter berufstätig sein möchten und dass kein vernünftiger Grund dagegen spricht. Das Buch ist ein Klassiker, der von seiner Aktualität nichts eingebüßt hat und das Thema Rollenverteilung in geradezu idealer Weise aufgreift.

Text: Otfried Preußler / Illustrationen: Herbert Lentz, „Die dumme Augustine".
Thienemann Verlag, Stuttgart, 1972

Bumfidel wünscht sich eine Puppe

Auch die Geschichte von Bumfidel beschäftigt sich mit der Rollenzuschreibung: Noch immer ist es nicht selbstverständlich, dass auch Jungen gerne mit einer Puppe spielen.

Bumfidel wünscht sich eine Puppe. Doch er kriegt keine. Die Mutter kauft sie ihm einfach nicht. Ein Junge spielt doch nicht mit Puppen! Bumfidel spart sich das Geld zusammen und kauft sich die Puppe.
Die Verkäuferin kann nicht glauben, dass er die Puppe für sich selbst will. Alle im Laden gucken zu ihm hin. Aber Bumfidel bleibt standhaft. Er trägt seine Puppe ganz offen nach Hause.
„Was sind das nur für Leute?", sagt er zu ihr. „Die wollen nicht, dass du einen Vater hast."

Die Kinder werden durch die Geschichte angeregt über den Wunsch von Bumfidel zu sprechen. Warum erscheint er den Erwachsenen so ungewöhnlich?

Text: Marieluise Bernhard-von Luttitz, „Es war einmal ein gutes Pferd".

Papa bleibt zu Hause

Das Bilderbuch erzählt vom Alltag einer Familie, der sich plötzlich verändert, als Papa arbeitslos wird.

Zunächst ist alles wie Urlaub. Papa ist immer daheim und hat viel Zeit für seine beiden Kinder Lisa und Lukas. Und doch ist manches ein bisschen anders. Wie die Familie diese Situation bewältigt, fest zusammenhält und das Beste daraus macht, schildert dieses Bilderbuch sehr anschaulich.

Text: Klaus Vellguth, Illustrationen: Silvio Neuendorf, „Papa bleibt zu Hause".
Bergmoser + Höller Verlag, Aachen, 1996

Papa, du sollst kommen

Der Vater von Lisa ist viel zu Hause. Er hat nämlich einen Beruf, der es ihm ermöglicht zu Hause zu arbeiten: Er ist Schriftsteller und schreibt Bücher. Aber Bücherschreiben ist eine schwere Arbeit und der Papa braucht dafür Ruhe. Lisa findet es sehr schwer sich still zu verhalten. Und so lässt sie sich einiges einfallen, womit sie ihren Papa vom Schreibtisch weglocken kann.

Text: Rudolf Herfurtner, Illustrationen: Reinhard Michl, „Papa, du sollst kommen".
Oetinger Verlag, Hamburg

Wir laden ein zum Fest

Die Erzieherinnen und Kinder beschließen, den Müttern für ihre Mühe einen Festtag zu schenken. Sie überlegen gemeinsam, wie sie diesen Tag im Kindergarten gestalten können.
Durch die Geschichten und Spiele sensibilisiert für die gemeinsamen Beschäftigungen der Eltern fragen die Kinder vielleicht auch nach einem Vatertag oder wollen einen Elterntag feiern. Dadurch besteht die Möglichkeit den Tag zu öffnen und den Personenkreis zu erweitern, sodass die Kinder auch andere Personen - stellvertretend für die Mutter - zu diesem Fest einladen können.

Ich lade ein zum Fest

Einstimmung durch ein Spiel

Vorbereitung
Die Kinder malen Kärtchen mit jeweils einer Person, die eine bestimmte Familienrolle symbolisieren soll (Papa, Mama, Oma, Opa, Tante, Onkel, Schwestern, Brüder usw.).

Spielverlauf
Die Kinder sitzen im Stuhlkreis. Alle Kinder bekommen ein Kärtchen, sie verkörpern Familienmitglieder. Ein Kind steht in der Mitte. Es möchte ein Fest feiern und dazu einige Familienmitglieder einladen. Es sagt deshalb: „Ich feiere am Sonntag ein Fest und lade die Mama, den Opa und meine Schwester ein." Alle, die diese Rollen haben, tauschen daraufhin ihre Plätze. Währenddessen versucht das Kind in der Mitte einen Stuhl zu erwischen. Es kann natürlich auch andere Familienmitglieder einladen oder auch die ganze Familie, dann müssen alle die Plätze tauschen. - Wer keinen Stuhl hat, wenn alle wieder sitzen, feiert das nächste Fest.

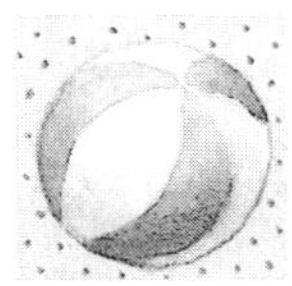

Gemeinsame Planung

Die Kinder überlegen, was sie der Mutter bei dem Kindergartenfest schenken möchten.
Ursprünglich sollte der Muttertag auf die Belastung der Mutter hinweisen und ihr die Mühe erleichtern. Daran wollen wir anknüpfen. Nicht ein gebasteltes Geschenk soll im Vordergrund stehen, sondern die Befreiung von der täglich anstehenden Arbeit. Wir beschließen, dass die Kinder der Mutter ein selbst zubereitetes Essen schenken.

Einladung

Auch auf die Einladung verwenden wir Mühe und entwerfen eine fröhliche Karte. Der Text für die Kinder könnte ungefähr so lauten:

Und so könnte der Text der Erzieherinnen lauten:

Liebe Frau ____________________ ,
wir wollen mit Ihnen Muttertag feiern und laden Sie herzlich zu uns in den Kindergarten ein am: ___________ um: ________ Uhr.

Wir hoffen, dass unser vorbereitetes Essen das Mittagessen bei Ihnen zu Hause ersetzen kann und sie dadurch an diesem Tag entlastet sind.

Wir freuen uns auf Sie!

Herzliche Grüße
Ihr Kiga-Team

Wir bitten Sie, den Rückgabezettel auszufüllen und ihn bis zum ______ abzugeben, damit wir ungefähr einschätzen können, wie viele Personen kommen werden.

☐ Ich komme zum Fest und bringe _____ Personen mit.

☐ Ich kann leider nicht kommen.

Fest-vorbereitung

Die Vorbereitungen für das Fest beginnen schon Tage zuvor. Die Kinder basteln Tischschmuck, pflücken Blumen und helfen bei den Vorbereitungen für das Essen. Nach Möglichkeit sollten Rezepte ausgesucht werden, bei denen ein Großteil schon am Vortag zubereitet werden kann, damit am eigentlichen Festtag nur noch das Nötigste gemacht werden muss. Durch diese umsichtige Art der Organisation können die Kinder einerseits stark in das Geschehen eingebunden und an allen Vorbereitungen beteiligt werden. Andererseits kann man so vermeiden, dass die Kinder am Festtag hektisch und unruhig werden.

Tischschmuck

Einfach, aber effektvoll, sind lange Zöpfe, die aus bunten Krepppapier-Bändern geflochten werden. Damit können die Tische sehr fantasievoll und kreativ geschmückt werden.

Festgestaltung

Das Essen wird, wenn möglich im Garten, als Büfett aufgebaut. Die Kinder helfen mit und decken die Tische mit dem vorbereiteten Tischschmuck. Es hat sich bewährt, keine Stühle bereit zu stellen, sondern im Stehen zu essen.

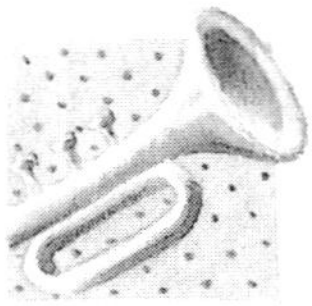

Das Muttertagsfest beginnt zur Einstimmung mit dem Vortrag des leicht veränderten Liedes „Bei uns zu Haus ist's schön" (siehe Seite 70). Statt „zu Haus" singen wir „im Kiga". Die Kinder begleiten das Lied mit kleinen Spielszenen.

Anschließend wird das Büfett eröffnet. Alle können sich bei den Speisen bedienen und lassen es sich schmecken.

Zum Abschluss singen die Kinder den Müttern ein Muttertags-Danklied, z. B. „Singt mit mir ein Dankeschön" (siehe S. 44).

Ein Vater erzählt

Seit unsere jüngste Tochter in den Kindergarten gekommen ist, ist meine Frau wieder berufstätig. Das klappt eigentlich gut, da wir beide im Schichtdienst arbeiten und es uns deshalb so einteilen können, dass die Kinder möglichst wenig alleine sind. Die größeren Kinder helfen schon tüchtig mit, die können wir auch mal alleine lassen, wenn sie früher aus der Schule kommen. Das funktioniert ganz gut. Wir helfen auch alle mit, machen gemeinsam den Haushalt, ich kaufe ein, koche manchmal, wenn es sein muss – das haben wir wirklich zufrieden stellend organisiert.

Ja, und als dann unsere Laura mit der Einladung zu diesem Muttertagsfest vom Kindergarten heimkam, da fiel der Tag in meine Woche. Meine Frau hatte Frühschicht, das bedeutete, dass ich zu Hause war und nun eigentlich zu diesem Fest gehen sollte. Aber das konnte ich mir *wirklich* nicht vorstellen.

Aber da es meiner Frau nicht gelang ihre Schicht zu tauschen und Laura mich unbedingt zu dem Fest mitnehmen wollte, versprach ich ihr schließlich sie im Kindergarten zu besuchen und füllte den Zettel aus. Ein bisschen mulmig war mir schon zu Mute. Ich war zwar schon oft bei Elternabenden im Kindergarten gewesen, aber die Vorstellung, als Mann ausgerechnet zum Muttertagsfest zu kommen, war mir doch sehr fremd. – Aber schließlich konnte und wollte ich meine Tochter nicht im Stich lassen.

Gleich am Abend darauf rief mich Lauras Erzieherin an und bedankte sich, dass ich kommen würde. Sie erzählte mir, dass es gerade das Anliegen des Kindergartens wäre, eine Erweiterung des Festes und der Familienrollenbilder zu vermitteln. Mit meinem Kommen würde ich diesen Gedanken ideal unterstützen. Sie bat mich um die Erlaubnis, drei anderen Vätern meine Teilnahme ankündigen zu dürfen und sie auf diese Weise hoffentlich ebenfalls für eine Begleitung ihrer Kinder gewinnen zu können.

Und so kam es dann, dass gleich mehrere Väter am Muttertagsfest teilnahmen. Wir haben uns auf dem Fest sogar ganz wohl gefühlt und den Nebeneffekt genossen, dadurch ebenfalls von den so genannten Hausfrauenpflichten befreit zu sein.

Ich hab, was ich zum Leben brauch

Liebe Eltern,

einmal im Jahr ist Muttertag, ein Fest, das ursprünglich als Ehrentag der Mutter gedacht war, an dem die Mutter so umsorgt werden soll, wie sie das ganze Jahr ihre Familie umsorgt.
Inzwischen sind diese Gedanken untergegangen. Das Fest ist ein „Konsumfest" geworden. Große Blumensträuße und Geschenke prägen diesen Tag. Deshalb lehnen viele den Muttertag ab.
„Mithilfe im Haushalt sollte doch selbstverständlich sein!", sagen viele. Andere jedoch meinen: „Die Mutter von früher gibt es doch gar nicht mehr. Heute verdient die Frau eigenes Geld und Aufgabenteilung im Haushalt ist selbstverständlich!"
All diese Gedanken haben auch wir bedacht und im Team besprochen. Und trotzdem haben wir beschlossen, den Tag weiterhin als wichtig zu begreifen und mit den Kindern seinen Sinn und seine Bedeutung zu erarbeiten. Denn leider ist es – nach unserer Beobachtung – immer noch so, dass vieles im Haushalt von der Mutter alleine bewältigt werden muss, vor allem wenn kleine Kinder zu versorgen sind. Gerade die Pflege und Erziehung der Kinder liegt oft fast ausschließlich in den Händen der Mütter. Wir finden, dies verdient nach wie vor Dank und Anerkennung.

Der Mutter helfen, ihr die Arbeit abnehmen, ist ein Anliegen dieses Festtages. Mithilfe und Entlastung über diesen Tag hinaus wäre eine schöne Sache.
Kindergartenkinder unterscheiden noch nicht zwischen Spiel und Arbeit. Sie wollen bei allen Tätigkeiten helfen und mitmachen. Diese Mithilfe erfordert aber oft viel Geduld mit dem Kind und bedeutet nicht selten, dass sich die Arbeit verzögert. Trotzdem muss das Mithelfenwollen der Kinder unterstützt und gefördert werden. Denn nur durch eigenes Handeln und Ausprobieren lernen sie die Bewältigung des Alltags und selbstständiges Agieren. Und nur so werden die Voraussetzung geschaffen, die echtes Mithelfen und Entlasten ermöglichen. Deshalb ist es uns wichtig, im Kindergarten mit den Kindern viele häusliche Tätigkeiten nachzuvollziehen.

Den Schwerpunkt möchten wir jedoch auf die emotionale Seite des Muttertages legen. Wir besprechen gemeinsam mit den Kindern, warum es gut ist eine Mutter zu haben, wofür Kinder sie brauchen und wie schön es sein kann, ihr ein Fest zu bereiten.
In einem Lied, das wir singen, heißt es: „Ich hab, was ich zum

Leben brauch, und eine Mutter hab ich auch. Was will ich mehr auf dieser Welt, als dass es ihr bei mir gefällt."
Der zweite Teil des Liedes beschreibt, was uns an diesem Thema ebenfalls wichtig erscheint: Der Mutter soll es bei den Kindern gefallen. Die Kinder werden angeregt darüber nachzudenken, was der Mutter vielleicht nicht gefällt und was sie selbst daran ändern könnten, womit sie ihr eine Freude machen würden und Ähnliches. Dadurch werden die sozialen und emotionalen Fähigkeiten der Kinder gefordert und weiterentwickelt.
Aus den Ideen und Vorschlägen der Kinder entwickeln und gestalten wir dann das Muttertagsfest am xx. Mai xx, zu dem wir Sie herzlich einladen. Eine ausführliche, persönliche Einladung folgt.

Wir wünschen Ihnen schöne und frohe Tage mit Ihren Kindern!

Es grüßt Sie herzlich

Ihr Kindergarten-Team

… und eine Mutter hab ich auch

Ich hab, was ich zum Leben brauch, …

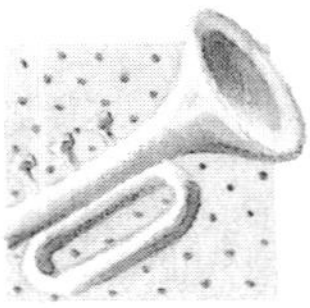

2. Ich hab, was ich zum Leben brauch,
trallalalala,
und einen Papa hab ich auch,
mhm, ja, ja.
Was will ich mehr auf dieser Welt,
als dass es ihm bei mir gefällt ...

3. Ich hab, was ich zum Leben brauch,
trallalalala,
und eine Oma hab ich auch,
mhm, ja, ja.
Was will ich mehr auf dieser Welt,
als dass es ihr bei mir gefällt ...

4. Ich hab, was ich zum Leben brauch,
trallalalala,
und einen Opa hab ich auch,
mhm, ja, ja.
Was will ich mehr auf dieser Welt,
als dass es ihm bei mir gefällt ...

5. Ich hab, was ich zum Leben brauch,
trallalalala,
und einen Teddy hab ich auch,
mhm, ja, ja.
Was will ich mehr auf dieser Welt,
als dass es ihm bei mir gefällt ...

Aus: L. Edelkötter/Rolf Krenzer:
Spiellieder I: „Ich gebe dir die Hände. IMP 1017“

Die Kinder können weitere Strophen erfinden: Geschwister, Tiere, die in der Familie leben, Freundinnen und Freunde, Lieblingsspielsachen usw.

In den Strophen unseres Liedes heißt es „... Was will ich mehr auf dieser Welt, als dass es ihr bei mir gefällt ..." Das ist zwar eine ungewöhnliche Formulierung, aber es ist sehr interessant mit Kindern darüber nachzudenken, wann es der Mutter wohl bei ihrem Kind gefällt. Einige Antworten von Kindern:
Wenn ich schön aufgeräumt habe.
Am Abend, wenn sie mir eine Geschichte vorliest – aber nicht immer, nur wenn sie Zeit hat.
Wenn ich beim Mittagessen nicht kleckere.
Wenn ich mit meinem Bruder spiele und nicht streite.
Wenn ich den Hamster füttere.
Immer, wenn wir zusammen spielen und ich nicht bockig bin.

Wir vertiefen die Gedanken aus dem Lied und überlegen mit den Kindern, was ihnen in ihrem Leben alles wichtig ist. Die Kinder zählen auf, was ihnen einfällt.
Jedes Kind malt auf ein Zeichenblatt, was ihm am wichtigsten ist. Vieles und auch ganz Unterschiedliches kommt da zusammen: verschiedene Esswaren, bunte Kleider, Spielsachen, Kuscheltiere, ein Bett, ein Auto, das Fahrrad usw. Die Kinder malen auch – je nach eigenem Erleben – Vater, Mutter, Geschwister, Oma, Opa, Tante, Onkel, Freunde und auch die Erzieherin im Kindergarten. Sie zeigen und erzählen sich gegenseitig, was sie gemalt haben. Danach haben sie die Gelegenheit, ihr Bild zu verändern oder zu ergänzen.

Ein Wandbild gestalten

Thema: Wer besorgt all die Sachen, die wir haben?
In einer Gemeinschaftsarbeit entdecken die Kinder, wer dafür sorgt, dass sie das erhalten, was sie brauchen, und wer es in Ordnung hält.
Die Kinder gestalten ein großes Wandbild. Oben malen sie alle Personen hin, die ihnen wichtig sind. Anschließend malen oder kleben sie alle Dinge auf, die sie brauchen und bekommen.
Diese Arbeit zieht sich über eine längere Zeit hin und das Bild wird immer vielfältiger. Auch an ihrem eigenen Bild malen die Kinder weiter. Dadurch bleibt es lebendig und das Kind hat die Möglichkeit, seine ganz persönlichen Eindrücke und Gefühle für sich festzuhalten.
Im Gespräch und während der Gestaltung zählen die Kinder zunächst hauptsächlich Dinge auf, die man essen oder anfassen und mit denen man spielen kann, vor allem aber Dinge, die man kaufen kann bzw. muss.
Manche Kinder sind bei der Zuordnung unsicher. Zwar kauft die Mutter meist alles ein, aber die größeren Kinder wissen auch, dass – meistens – der Papa so oft weg ist, weil er das zum Einkaufen benötigte Geld verdient. Wer sorgt also tatsächlich für all die Dinge? Hier bietet sich eine gute Gelegenheit, den Kindern zu vermitteln, wie Eltern gemeinsam für das Wohl der Kinder sorgen, indem beispielsweise die unbezahlte Arbeit der Mutter die Abwesenheit des Vaters möglich macht und seine Einkünfte es ermöglichen, dass die Mutter zu Hause für die Kinder da ist.
Gleichzeitig ist es sinnvoll und notwendig Gegenentwürfe aufzuzeigen, vor allem in einer Zeit, in der auch viele Männer zu Hause bleiben (unter Umständen deshalb, weil sie von Arbeitslosigkeit betroffen sind) und ein Umdenken bedingt durch den Rollentausch die neue häusliche Situation nicht nur entspannen, sondern durchaus bereichern kann.

Nachdenken

Mit älteren Kindern könnte man auch einmal darüber sprechen, welche von den vielen Dingen, die sie besitzen, wirklich zum Leben wichtig sind. Worauf könnten wir verzichten? Was ist unverzichtbar? Vielleicht kommen einige Kinder darauf, dass man beispielsweise ohne Luft und Wasser und Sonne nicht leben kann. Und woher kommt das alles? Die Kinder werden merken, dass es Dinge gibt, die Menschen nicht selbst machen können – nicht einmal die allmächtig scheinenden Eltern. Hier bekommt unser Thema eine religiöse Dimension. Ein wenig davon schimmert durch im folgenden Gedicht:

Die Schnecke hat ein Haus

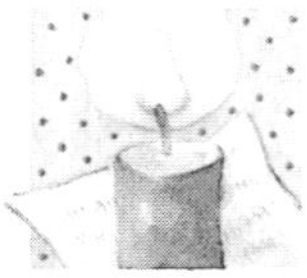

Die Schnecke hat ein Haus,
ihr Fellchen hat die Maus;
der Sperling hat die Federn sein,
der Schmetterling schöne Flügelein.
Nun sage mir, was hast denn du?
Ich habe Kleider und auch Schuh
und Vater und Mutter, Lust und Leben.
Das hat der liebe Gott mir gegeben.

Volksgut

Von Angst und Geborgenheit

Dinge, die man kaufen kann – Spielsachen, Kleider usw. –, sind wichtig. Leider wird ihr Wert von Kindern oft überschätzt. Daher ist es von großer Bedeutung, Kinder für die anderen Dinge des Lebens, für ideelle Werte, zu sensibilisieren. Ein Gedicht erzählt davon:

Mutters Schoß

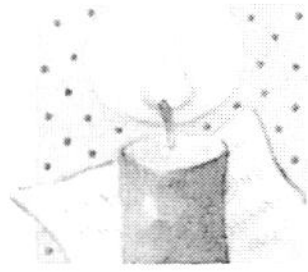

Kein Vogel sitzt in Flaum und Moos,
in seinem Nest so warm,
als ich auf meiner Mutter Schoß,
auf meiner Mutter Arm.

Friedrich Güll

Über Gefühle sprechen

Vertrauen und die Möglichkeit der Zuflucht – bei den Eltern zu Hause – braucht ein Kind, wenn es Angst hat oder traurig ist, sich allein und einsam fühlt oder nicht einschlafen kann. Aber auch wenn es sich freut, will es dieses Gefühl mit jemandem teilen. Das kleine Gedicht kann zum Anlass dienen, mit Kindern über ihre Gefühle zu sprechen.

Ein ganz starkes Gefühl, das alle Kinder kennen, ist das Gefühl der Angst. Die Kinder erinnern sich, wann und wovor sie Angst haben und was sie dagegen tun. Das folgende Lied greift das Thema auf.

Manchmal hab ich Angst im Dunkeln

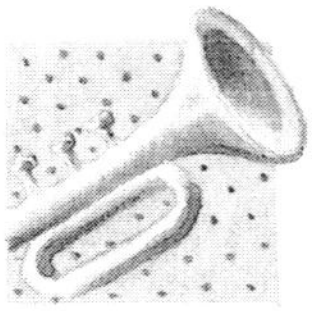

Text und Melodie: Gerhard Rosewich. Aus: „Wir singen vor Freude".
Verlag Ernst Kaufmann, Lahr

Die Kinder erfinden neue Strophen zu dem Lied, zum Beispiel:

Manchmal hab ich Angst vor Hunden,
fühle mich ganz klein,
halt mich fest an meiner Mutter,
will bei ihr geborgen sein.

Von Gefühlen der Angst und der Geborgenheit handelt auch das folgende Gedicht von Max Bolliger:

Was uns Angst macht

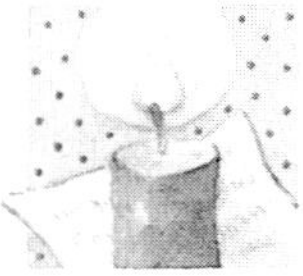

Wenn es auf dem Boden knistert und knarrt,
wenn etwas leise hinter der Holzbeige scharrt,
wenn der Himmel schwarz und dunkel ist,
wenn es donnert und blitzt,
wenn ein Stier uns entgegenrennt,
wenn es hagelt und brennt,
wenn der Sturm an den Läden rüttelt
und die Kronen der Bäume schüttelt.

Wenn wir durch den Wald spazieren
und plötzlich die Richtung verlieren,
wenn hinter den Büschen Gespenster lauern
und hinter den Steinen Gestalten kauern,
wenn sich Riesen im Traum verstecken
und uns mitten in der Nacht wecken,
wenn uns die Mutter in den Keller schickt,
wenn vor uns ein Mäuslein erschrickt.

Was uns die Angst nimmt

Vater und Mutter und vertraute Gesichter,
im Dorf und in der Stadt die Lichter.
Die Sonne, die uns am Morgen weckt,
das Kätzchen, das sich in unserem Arm versteckt.
Im Bett Teddybären und Puppen,
Sterne, die durchs Fenster gucken.
Bruder, Schwester, Neffen und Nichten
und in der Schule die schönsten Geschichten.
Alles, was jeden Tag mit uns lebt,
und am Abend das Gute-Nacht-Gebet.

Das Gedicht spricht Kinder sehr an. Sie erarbeiten die einzelnen Elemente:

- Sie spielen Szenen aus dem Gedicht nach.
- Sie malen Bilder zu dem Gedicht.
- Sie fügen dem Gedicht eigene Gedanken und Überlegungen hinzu.

Büchertipps Die schlimmste Angst, unter der Kinder leiden, ist die Sorge um den Verlust der Mutter – sei es durch Scheidung, sei es durch Krankheit und Tod. Vielleicht ist ein Kind in der Gruppe, das keine leibliche Mutter mehr hat. So erfahren die Kinder der Gruppe, dass es auch andere Betreuungspersonen gibt als die Mutter. Märchen, Geschichten und Bilderbücher zu diesem Thema können Anregungen zu einem Gespräch sein und helfen Ängste abzubauen.

Eulalia

„Eulalia", die alte Eule, nimmt sich dreier mutterloser Eulenkinder an. Da sie für die Eulenkinder fremd ist, haben sie Angst vor ihr. In aussagekräftigen Bildern mit warmen Farbtönen wird der Prozess einer vorsichtigen Annäherung anschaulich vermittelt. Auf dem letzten Bild sitzen die drei Eulenkinder geborgen unter den schützenden Flügeln der alten Eule. Sie haben eine neue Mutter gefunden, die nun für sie da sein wird. In der Geschichte wird nicht erzählt, warum die drei Eulenkinder elternlos sind. Sie sind einfach da und sich selbst überlassen, niemand kümmert sich um sie. Die Gegenwart der alten Eule ist tröstlich, die Kinder spüren die Geborgenheit. Das Buch vermittelt ein Gefühl von Zuversicht und Hoffnung. Vor allem entwirft es ein positives Bild von der Annäherung und Annahme einer Pflege- oder Stiefmutter.

Else Schwenk-Anger, „Eulalia", ESA-Verlag, Alpirsbach, 5. Auflage 1987

Der Findefuchs

Ein weiteres wichtiges Bilderbuch zu diesem Thema ist „Findefuchs". Sehr sensibel wird der Verlust und die Trennung von der eigenen Mutter, aber auch die Annahme des kleinen Fuchskindes durch eine neue Mutter und die Aufnahme in die Geschwisterreihe behandelt.

Text: Irina Korschunow, Illustrationen: Reinhard Michl, „Der Findefuchs"
Thienemann Verlag, Stuttgart, 1984

Winzig, der Elefant

„Winzig" heißt der kleine Elefant, der so winzig ist, dass er im hohen Gras verloren geht. Seine Eltern können ihn nicht mehr finden und müssen ohne ihn weiterziehen. Als Winzig aufwacht, merkt er, dass ihm etwas ganz Wichtiges fehlt. Von der Suche danach und wie Winzig endlich neue Eltern findet, erzählt der erste Band.

Erwin Moser, „Winzig, der Elefant", Beltz Verlag, Weinheim/Basel, 8. Auflage, 1993

Winzig geht in die Wüste

Winzig lebt jetzt bei zwei Flussschweinen, sie sind seine Eltern. Er weiß, dass er selbst ein Elefant ist, hat aber noch nie einen anderen gesehen.
Eines Tages entdeckt Winzig in der Steppe große Elefantenspuren und folgt ihnen. Was er dabei erlebt, wie er zwar keine Elefanten, aber dafür drei wunderbare Freunde findet, wird in diesem zweiten Band beschrieben.

Erwin Moser, „Winzig geht in die Wüste", Beltz Verlag, Weinheim/Basel, 4. Auflage, 1993

Winzig sucht die Elefanten

Im dritten Band schließlich macht sich Winzig erneut auf die Suche nach den Elefanten. Ob er sie wohl dieses Mal findet ... ?

Erwin Moser, „Winzig sucht die Elefanten", Beltz Verlag, Weinheim/Basel, 3. Auflage 1992

Mamas werden doch nicht krank

Was passiert, wenn die Mutter krank wird, so wie die Mama von Paulina und Simon? Das Bilderbuch beschreibt, wie Paulina versucht die gewohnte Routine aufrechtzuerhalten. Zunächst geht zwar einiges schief, aber schließlich schaffen es Paulina, Simon und Papa, alles in Ordnung zu bringen. Einfühlsam werden die Ängste der Kinder aufgegriffen. Die farbenreichen Bilder setzen den familiären Alltag gekonnt und humorvoll um.

Marylin Hafner, „Mamas werden doch nicht krank"
Brunnen Verlag, Gießen/Basel, 2. Auflage 1998

Wenn Mama keine Zeit hat

Die Kinder erzählen, was sie am liebsten mit ihrer Mama machen, z. B. Memory spielen, aus einem Buch vorgelesen bekommen, Kuchen essen, kuscheln, Ball spielen usw. Sie malen dazu ein Bild.

Normalerweise haben alle Mütter den Wunsch nach einer harmonischen Beziehung zu ihren Kindern. Sie erhoffen sich einen möglichst reibungslosen Alltag ohne große Konflikte und versuchen dies mit Liebe, Verständnis, Kreativität, Fürsorge, Mühe und Geduld zu erreichen. Trotzdem lassen sich anstrengende Momente und Stress nicht vermeiden. Konflikte, Spannungen, Ärger, Trotz, Wut und Trauer gehören genauso zum Familienalltag und zu einem Kinderleben wie Freude, Glück, Sichwohlfühlen und Sichvertragen.

Kinder sind darauf angewiesen, dass die Eltern, Mutter und Vater, für sie da sind. Auch das wird bei den Vorbereitungen zum Muttertag deutlich.

Schieb mich nicht weg

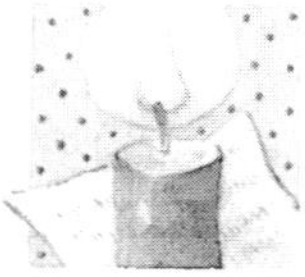

Heute möchte ich es wagen
und dir endlich einmal sagen:
Dass du schimpfst, gefällt mir nicht,
Mach doch nicht so ein Gesicht!

Wenn du sagst: „Pass auf! Geh weg!“
Dann bekomm ich einen Schreck.
Schleiche traurig in mein Zimmer,
frage mich: Mag sie mich nimmer?

Ich bin dein liebes Kind, sagst du?
Dann drück doch mal ein Auge zu
und schiebe mich nicht weg!
Umarme mich und sag dazu:
„Du bist zwar ganz schön keck,
doch habe ich dich lieb, mein Schatz.
Ich geb dir einen dicken Schmatz
und lass dich niemals weg.“

Ein Tag mit Mama

An diesem Morgen wird Tim ganz von alleine wach. Na ja, nicht ganz alleine, ein kleiner vorwitziger Sonnenstrahl hat ihn wachgekitzelt. „Hallo, Sonne!“, freut sich Tim und blinzelt noch etwas verschlafen.
Tims Kuscheltier, das große grüne Krokodil, schläft noch. Aber nicht mehr lange, denn Tim holt es unter der Bettdecke hervor und weckt es mit einem Kuss. Genau wie seine Mama es immer macht, wenn sie gut gelaunt ist. „Wach auf, Kroko“, sagt er und rüttelt es ein bisschen, „wach auf!“
Kroko will noch schlafen, aber Tim steht trotzdem auf und nimmt ihn mit hinunter in die Küche.
„Hallo Tim, guten Morgen“, begrüßt ihn seine Mutter und nimmt ihn auf den Schoß. „Bist du von ganz alleine so früh aufgewacht?“, will sie wissen.
„Ein Sonnenstrahl hat mich geweckt“, erklärt Tim, „und den Kroko, den hab ich geweckt. Und jetzt hab ich den ganzen Tag Zeit um mit dir zu spielen.“
„Den ganzen Tag – das geht wohl nicht. Schließlich muss ich auch noch die Hausarbeit machen“, antwortet die Mutter. „Aber zuerst wollen wir frühstücken, was meinst du?“
„Ja, klar. Ich hab schon solchen Hunger.“
Tim klettert von Mamas Schoß und gemeinsam decken sie den Frühstückstisch.

Tim hilft auch beim Abräumen, da ist er ganz geschickt. Aber Wäsche bügeln muss Mama alleine, das kann er noch nicht, da geht er lieber in sein Zimmer und spielt dort. Aber bald ist ihm langweilig und er weiß nicht, was er noch machen könnte. Im Kindergarten sind Ferien und sein bester Freund hat die Windpocken. Mama sagt, weil die blöden Dinger ansteckend sind, darf er seinen Freund jetzt nicht besuchen. Und alleine spielen macht gar keinen Spaß.
Tim geht zu seiner Mutter. „Mama, spielst du mit mir?“
„Jetzt habe ich keine Zeit“, antwortet sie, aber vielleicht nach dem Mittagessen, wenn ich mit der Küche fertig bin.“
„Mir ist aber langweilig“, brummt Tim, „und ich weiß nicht, was ich tun soll.“
„Dann hilf mir doch“, antwortet Mama. „Du kannst die Wäsche abhängen und in den Wäschekorb legen.“
Oh ja, das macht Spaß.
Als Tim damit fertig ist, schaut er Mama beim Bügeln zu. Das ist eigentlich ein bisschen langweilig, aber Mama hat eine gute Idee: „Erinnerst du dich noch, wo und wann du diese Hose anhattest, und weißt du auch noch, wie sie schmutzig wurde?“
Tim muss erst kurz nachdenken, dann fällt es ihm wieder ein und sie erinnern sich gegenseitig bei jedem neuen Kleidungsstück. Das ist lustig.
Nach einer Weile geht Tim wieder zurück ins Kinderzimmer, denn ihm ist eingefallen, dass er sein Parkhaus neu aufbauen wollte. Das hat er bald geschafft und ruft nach Mama, damit sie es bewundern kann. Sie kommt und spielt sogar ein Weilchen mit. Dann muss sie kochen. Tim hat eigentlich keine Lust zu helfen, aber er geht trotzdem zu ihr in die Küche und schneidet das Gemüse für den Salat. Er hilft ihr auch beim Tischdecken und räumt später den Tisch wieder ab.
„Jetzt spielst du aber mit mir, Mama“, fragt er anschließend erwartungsvoll.
„Aber ich hab doch vorhin erst mit dir gespielt“, sagt Mama erstaunt, „jetzt muss ich mich ein bisschen ausruhen.“
„Ausruhen?“ Tim kann es nicht fassen. „Du hast gesagt, du spielst mit mir“, protestiert er empört.
„*Vielleicht!* Ich habe ‚*vielleicht*‘ gesagt“, antwortet die Mutter. „Und bitte schrei mich nicht so an. Ich muss heute Mittag noch das Bad und alle Böden putzen und danach einkaufen gehen. Da können wir ja noch einen Spaziergang machen. Aber jetzt möchte ich eine Weile meine Ruhe haben.“

„Und was soll ich machen? Mir ist langweilig! Nie spielst du mit mir."
Tim ist sauer und Mama ist jetzt auch gereizt. „Ich kann nicht dauernd mit dir spielen. Und außerdem ist dein ganzes Zimmer voll mit Spielsachen. Also geh jetzt spielen und zwar ohne mich. Ich brauche fünf Minuten meine Ruhe."
Tim zögert, aber Mama schaut so streng, da geht er lieber ins Kinderzimmer. Zum Glück sitzt Kroko da. Dem kann er erzählen, wie gemein Mama zu ihm war. Das erleichtert ihn ein bisschen.
Plötzlich entdeckt er das Feuerwehrauto unter seinem Bett und hat wieder eine Spielidee: Im Parkhaus ist Feuer ausgebrochen. Er lässt Kroko den Feueralarm auslösen und rast mit dem Feuerwehrauto hin. Zum Glück kann er das Feuer gleich löschen und alle Verletzten mit dem Rettungswagen ins Krankenhaus bringen. Er ist so in sein Spiel vertieft, dass er gar nicht gleich merkt, wie Mama hereinkommt. Ein wenig trotzig schaut er sie an, aber sie nimmt ihn in den Arm und lächelt: „Du kannst ja toll allein spielen. Jetzt habe ich Zeit." Sie drückt ihn fest. Da kann Tim nicht mehr wütend sein. Sie versorgen gemeinsam die Verletzten und gehen dann einkaufen und machen einen Spaziergang durch den Park, genau wie Mama es versprochen hat.
Und dann ist der Tag schon fast zu Ende. Nach dem Abendessen, als Tim die Zähne geputzt hat und nun in seinem Bett liegt, erzählt Mama noch eine Gute-Nacht-Geschichte. Dann macht sie das Licht aus und Tim schläft seinem nächsten Tag entgegen.

Die Geschichte spielen

Die Kinder spielen einzelne Szenen der Geschichte nach. Vor allem die Dialoge zwischen Tim und der Mutter eignen sich dazu.

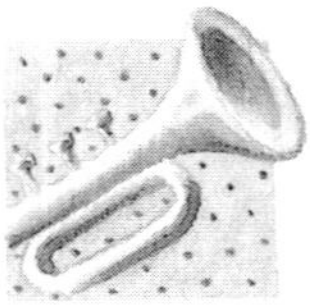

Es macht auch Spaß, einzelne Teile der Geschichte in eine Klanggeschichte zu verwandeln. Dafür kann man sowohl Instrumente benutzen als auch Haushaltsgegenstände, die mit ihren Geräuschen die unterschiedlichen Tätigkeiten noch besser symbolisieren können. Kinder haben dabei viele gute Ideen und können ihre Fantasie und Kreativität entfalten.

Ein Würfelspiel zu der Geschichte selbst anfertigen

Zu der Geschichte lässt sich ein Würfelspiel entwerfen, bei dem die Kinder auf einem Spielfeld den Verlauf eines Tages nachvollziehen können.

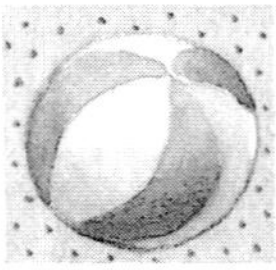

Anleitung:
Auf einen großen Bogen Zeichenpapier wird links unten ein Bett gemalt. Durch das Fenster daneben scheint die Sonne. Hier beginnt das Spiel.
Das Ende des Spielfeldes wird durch das gleiche Bild markiert, aber nun scheint der Mond durch das Fenster. Dazwischen liegen viele Felder zum Vorrücken. Manche davon sind Ereignisfelder. Sie werden mit Symbolen gekennzeichnet, die verdeutlichen sollen, welches Ereignis aus der Geschichte hier stattfindet. Die Kinder legen gemeinsam fest, was passiert, wenn eine Spielfigur auf ein Ereignisfeld rückt. Man muss z.B.

- das Ereignis pantomimisch vorführen
- einmal aussetzen
- zurück zum Anfang
- drei Felder vorgehen
- gleich zum nächsten Ereignis weitergehen

und Ähnliches mehr.

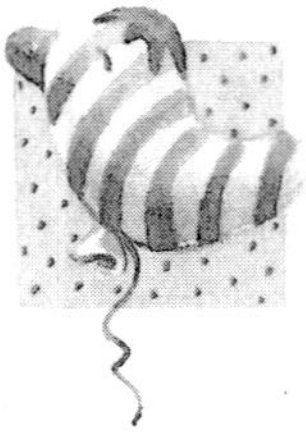

Durch die Geschichte „Ein Tag mit Mama" wissen die Kinder, dass auch die Mutter manchmal eine Zeit lang ihre Ruhe haben und nicht gestört werden möchte. Daraus entwickelte sich die Idee, ihr ein Ausruh-Kissen zum Geschenk zu machen.
Die Kinder schenken der Mutter damit symbolisch eine ‚Ausruh-Zeit'. Wenn die Mutter dieses Kissen holt, wissen sie, dass sie sich ausruhen möchte. Mit dem Geschenk verbunden ist der Versuch der Kinder, in dieser Ausruh-Zeit alleine zu spielen und die Mutter nicht zu stören. Schon die 3- bis 4-Jährigen können die Bedeutung dieses Symbols verstehen.

Material:
- einfacher weißer Kissenbezug oder weißer Stoff
- Borstenpinsel
- Textilfarbe im Gläschen
- Karton, alte Zeitungen

Falls wir nicht genügend fertige Kissenbezüge haben, nähen wir aus dem weißen Stoff die benötigte Anzahl von Bezügen.
Der Karton wird in das Kissen geschoben, damit sich nicht aus Versehen Farbe auf die Rückseite des Kissenbezuges durchdrücken kann.
Mit Stoffmalfarben bemalen die Kinder den Bezug mit ihren Lieblingsmotiven oder bedrucken es mit ihren Händen. Wenn die Farbe getrocknet ist, wird das Kissen von hinten gebügelt - so hält die Farbe auch beim Waschen.

Wenn die Mutter das Geschenk auspackt, erklären ihr die Kinder die Bedeutung:

Dies ist ein besonderes Kissen.
Und warum - willst du jetzt wissen?
Wenn du ruhig darauf sitzt,
bin ich schon davongeflitzt.
Auf dem Kissen ruhst du aus
und ich spiele still im Haus.

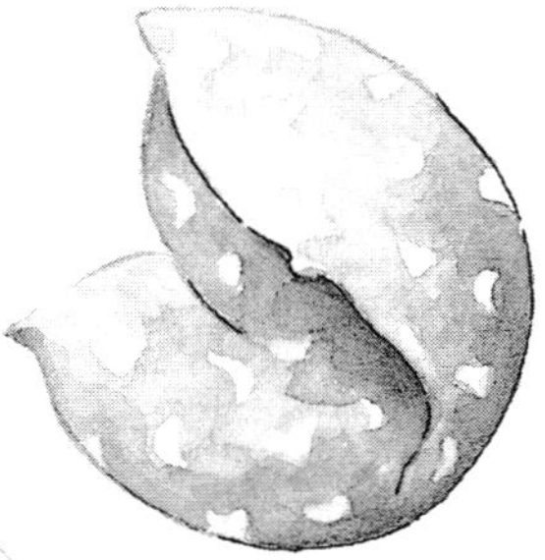

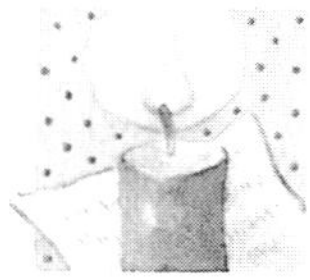

Manche Kinder haben zwei Mütter

Wenn man im Kindergarten neue Rollenbilder und andere Familien-Konstellationen betrachten will, sollte man auch an die Kinder denken, die nach dem Kindergarten von einer Tagesmutter betreut werden. Die Gefühle eines solchen Mädchens kommen in der Geschichte von Kerstin und ihren zwei Müttern zum Ausdruck.

Zwei Geschenke zum Muttertag
oder Alle Kinder haben eine Mutter, aber ich habe zwei

Kerstin beeilt sich heute ganz besonders, denn sie möchte schnell in den Kindergarten. Ihre Mutter ist froh darüber, denn sie hat es immer eilig, weil sie pünktlich im Büro sein muss. Kerstin weiß das, aber manchmal hätte sie morgens gern ein wenig Zeit, um vor dem Kindergarten noch zu spielen. Dann trödelt sie und die Mama treibt sie zur Eile an. Manchmal ist sie so ungeduldig, dass sie Kerstin einfach schnell selbst anzieht, obwohl sie das doch schon alleine kann.
„Aber so geht es schneller“, behauptet Mama, „und du weißt, dass ich mich beeilen muss.“
„Beeilen“, dieses Wort mag Kerstin gar nicht. Und dass Mama alles schneller und besser kann, ärgert sie sowieso. Oft wird sie deshalb bockig vor lauter Ärger. Das macht Mama erst recht wütend. Nein, manchmal ist es morgens gar nicht gemütlich.
Aber zum Glück ist das nur selten so, denn meistens freut sich Kerstin auf den Kindergarten und ihre Freunde und Freundinnen und sie weiß auch genau, wie gut es ist, immer zu den Ersten zu gehören, die dort ankommen. Früh morgens ist es nämlich noch ruhig und Frau Klar hat Zeit zum Zuhören, Vorlesen und zum Spielen.

Heute läuft wirklich alles wie am Schnürchen. Kerstin zieht sich fix an und hilft Mama sogar dabei, das Frühstücksbrot in die Kindergartentasche zu packen. Es ist fast so, als hätte es Kerstin noch eiliger als Mama. Mama ist das gerade recht, aber als Kerstin ohne Murren am Schaufenster der Zoohandlung vorbeigeht, kommt ihr das doch etwas seltsam vor. Sonst will Kerstin jeden Tag kurz nachschauen, ob neue Tiere im Schaufenster sind.

„Was macht ihr denn heute so Besonderes im Kindergarten?", will Mama daher plötzlich wissen.
Kerstin erschrickt ein bisschen, denn das ist doch ein Geheimnis. Frau Klar hat ausdrücklich gesagt, sie sollen nichts verraten und die Überraschung nicht verderben. Sie überlegt einen Moment lang angestrengt, aber da sind sie auch schon am Kindergarten und Mama muss noch ein Stück weiter zum Bus.
„Erzähl es mir heute Abend", sagt sie zu Kerstin, gibt ihr schnell einen Kuss und eilt davon.
„Das ist nochmal gut gegangen", denkt Kerstin und öffnet schwungvoll die Kindergartentür.
„Hier bin ich", ruft sie.
„Das sehe und höre ich", lacht Frau Klar. Sie kommt aus dem Nebenraum und trägt einen großen Stapel mit buntem Papier.
„Machen wir heute den Blumenstrauß für den Muttertag", fragt Kerstin aufgeregt.
„Ja, natürlich", antwortet Frau Klar, „ich habe es euch doch gestern versprochen."
„Ich hab mich heute auch arg beeilt", erklärt Kerstin, „weil ich doch sooo viele Blumen machen muss."
„Die Blumen sind ganz einfach zu basteln", meint Frau Klar, „und bei deinem Geschick bist du sicher recht schnell fertig. Deshalb hättest du dich nicht so abhetzen brauchen."

„Doch, doch“, erwidert Kerstin, „ich muss nämlich doppelt so viele Blumen machen wie die anderen.“
„Doppelt so viele“, staunt Frau Klar und runzelt die Stirn. „Wieso das denn?“
„Ja, weil ich doch zwei Mütter hab.“
Kerstin versteht gar nicht, wieso Frau Klar da nicht selbst drauf kommt. Aber die schüttelt immer noch verständnislos den Kopf. „Zwei Mütter“, wiederholt sie, „wieso zwei Mütter?“ Kerstin rollt ein bisschen mit den Augen, als sie merkt, dass sie es Frau Klar wohl doch ausführlich erklären muss.
„Die Gabriele, zu der ich mittags immer geh, die ist doch meine zweite Mutter. Sie sorgt für mich wie eine Mama, wenn meine Mama arbeiten muss. Und da soll sie auch Muttertag haben und auch einen Blumenstrauß von mir bekommen.“
Kerstin blickt Frau Klar ungeduldig an. Sie will jetzt endlich die Blumen basteln und nicht lang erklären. Jetzt lacht Frau Klar und sagt: „Ja, natürlich, du hast Recht. Da hätte ich wirklich drauf kommen müssen. Gut, dass du daran gedacht hast.“
Sie dreht sich um und begrüßt Florian, der inzwischen angekommen ist. Dann helfen alle Kinder, die schon da sind, Frau Klar den Basteltisch zu richten, damit Kerstin endlich mit den Blumen beginnen kann. Und obwohl alle Kinder wissen, dass Kerstin mittags immer zu Gabriele geht, muss sie noch ein paar Mal erklären, warum sie so viele Blumen macht. Eigentlich versteht sie das gar nicht, warum die anderen fragen: Es ist doch ganz klar, dass sie zwei Mütter hat.

Die Geschichte kann je nach Situation in der Gruppe abgeändert werden. Vielleicht übernimmt die Oma die Stelle der Tagesmutter oder die Eltern teilen sich die Kinderbetreuung und Kerstin will deshalb beide Elternteile beschenken.

Elternabend

Erzieherinnen und Mütter tauschen sich über gegenseitige Erwartungen aus

Kindergartenarbeit wird entscheidend von den Beziehungen beeinflusst, die zwischen Erzieherinnen und Eltern bestehen. Diese wiederum werden geprägt von den gegenseitigen, oft sehr unterschiedlichen Bedürfnissen und Erwartungen.
Sinn und Zweck der Elternarbeit im Kindergarten ist es, gegenseitiges Verständnis für die jeweils andere Seite aufzubringen sowie Anpassung und Entwicklung zuzulassen. Der beschriebene Elternabend ist ein Baustein dazu.

Vorbereitung

Die Erzieherinnen gestalten Plakate, die darstellen, wie sie sich die ideale Mutter für „ihre" Kinder wünschen.
Gedichte, Geschichten, Verse, Karikaturen u. Ä. zum Thema Erzieherin werden zusammengestellt.
Auf Zetteln und für die Tische werden Symbole entworfen.
Tücher, Requisiten, Musikinstrumente, Farben, große Papierbögen usw. sind bereit gestellt.
Schreibpapier und Stifte liegen bereit.
Getränke und Gebäck für die Pause müssen besorgt werden.

Begrüßung und Einstieg

Jede Mutter wird persönlich begrüßt. Sie zieht ein ein Symbol, das sie im Gruppenraum an einem Tisch wieder findet. Dort trifft sie mit anderen Müttern zusammen, die das gleiche Symbol gezogen haben.
Nach einer allgemeinen Begrüßung werden Ablauf und Zielsetzung des Abends kurz vorgestellt und erläutert.

Diskussion in der Gruppe: die ideale Erzieherin

Die Mütter setzen sich mit ihrem Wunschbild von der idealen Erzieherin auseinander. Dazu erhält jede Gruppe ein Gedicht, einen Vers, eine Karikatur oder eine kleine Geschichte zum Thema Erzieherin. Diese Beispiele sind so gewählt, dass sie möglichst viele verschiedene Eigenschaften beschreiben.
Jede Gruppe liest bzw. betrachtet gemeinsam den Text bzw. das Bild und die jeweiligen Teilnehmerinnen tauschen ihre Eindrücke innerhalb ihrer Gruppe aus. Dann überlegen und diskutieren sie, welche wichtigen Aussagen über Erzieherinnen in

ihrem Text oder Bild gemacht werden und halten diese auf einem Plakat fest. Sie unterscheiden dabei zwischen wünschenswerten, weniger wünschenswerten und unerwünschten Eigenschaften.
Wenn alle Gruppen fertig sind, stellen sie sich gegenseitig die Inhalte ihrer Überlegungen vor. Damit dies auf möglichst vielfältige Art und Weise geschehen kann, stehen verschiedene Hilfsmittel zur Verfügung: Tücher, Requisiten, Musikinstrumente, Plakate, Farben und vieles mehr.
Es macht sehr viel Spaß, die Aussagen vorzustellen, vielleicht pantomimisch darzustellen und die anderen Gruppen raten zu lassen. Zunächst bleiben diese Ergebnisse unkommentiert.

Die Erzieherin, die als Ideal beschrieben wird, ähnelt wahrscheinlich ein wenig der folgenden Beschreibung.

Als der liebe Gott die Erzieherin schuf ...

Als der liebe Gott die Erzieherin schuf, machte er bereits den sechsten Tag Überstunden. Da erschien der Engel und sagte: „Herr, Ihr bastelt aber lange an dieser Figur."
Der liebe Gott antwortete: „Hast du die speziellen Wünsche auf der Bestellung gesehen? Sie soll pflegeleicht, aber nicht aus Plastik sein. Sie soll 160 bewegliche Teile haben. Sie soll Nerven wie Drahtseile haben. Auf ihrem Schoß sollen 10 Kinder gleichzeitig sitzen können und trotzdem muss sie auf einem Kinderstuhl Platz haben. Sie soll einen Rücken haben, auf dem sich alles abladen lässt, und sie soll in einer überwiegend gebückten Haltung leben können. Ihr Zuspruch soll alles heilen, von der Beule bis zum Seelenschmerz. Sie soll sechs Paar Hände haben."

Da schüttelte der Engel den Kopf und sagte: „Sechs Paar Hände, das wird kaum gehen!"
„Die Hände machen mir keine Kopfschmerzen", sagte der liebe Gott, „aber die drei Paar Augen, die eine Erzieherin haben muss."
„Gehören die zum Standardmodell?", fragte der Engel.
Der liebe Gott nickte: „Ein Augenpaar, das durch geschlossene Türen blickt, während sie fragt: ‚Was macht ihr denn da drüben?', obwohl sie es längst weiß. Ein zweites Paar im Hinterkopf, mit dem sie sieht, was sie nicht sehen soll, aber wissen muss. Und natürlich die zwei Augen hier vorn, mit denen sie ein Kind ansehen kann, das sich unmöglich benimmt, und die trotzdem sagen:

‚Ich verstehe dich und habe dich sehr lieb' – ohne dass sie ein einziges Wort spricht."
„Oh, Herr", sagte der Engel und zupfte den lieben Gott sanft am Ärmel, „geht schlafen, macht morgen weiter!"
„Ich kann nicht", sagte der liebe Gott, „denn ich bin nahe daran etwas zu schaffen, das mir einigermaßen ähnelt. Ich habe bereits geschafft, dass sie sich selbst heilt, wenn sie krank ist, dass sie 20 Kinder mit einem einzigen Geburtstagskuchen zufrieden stellt, dass sie einen Sechsjährigen dazu bringt, sich vor dem Essen die Hände zu waschen, und einen Dreijährigen überzeugt, dass Knete nicht essbar ist, und dass sie übermitteln kann: Füße sind zum Gehen und nicht zum Treten von mir gemacht."

Der Engel ging langsam um das Modell der Erzieherin herum. „Zu weich", seufzte er.
„Aber zäh", sagte der liebe Gott. „Du glaubst gar nicht, was diese Erzieherin alles leisten und aushalten kann!"
„Kann sie auch denken?", fragte der Engel.
„Nicht nur denken, sondern sogar urteilen und Kompromisse schließen", antwortete der liebe Gott. „Und vergessen!"
Schließlich beugte sich der Engel vor und fuhr mit einem Finger über die Wange des Modells.
„Da ist ein Leck", sagte er, „ich habe Euch ja gesagt, Ihr versucht zu viel in das Modell hineinzupacken."
„Das ist kein Leck", sagte der liebe Gott, „das ist eine Träne."
„Wofür ist sie?"
„Sie fließt bei Freude, Trauer, Enttäuschung, Schmerz und Verlassenheit."
„Ihr seid ein Genie!", sagte der Engel.
Der liebe Gott blickte versonnen. „Die Träne", sagte er, „ist das Überlauf-Ventil."

Verfasser unbekannt.
Aus: Kindergartenkalender 1991, Velber-Verlag

Anschließend wenden wir uns den Wunschbildern der Erzieherinnen von der idealen Kindergartenmutter zu. Dafür haben die Erzieherinnen Plakate vorbereitet und sie in die Rubriken „wünschenswert", „weniger wünschenswert" und „unerwünscht" aufgegliedert. Auch hier dienen Texte, Sprichwörter und Beschreibungen als Grundlage und Hilfe zur Erarbeitung.
Die Gruppe der Erzieherinnen führt nun auf witzige und kreative Art sowohl ihre Idealvorstellung von einer Mutter als auch die Schwierigkeiten mit Kindergartenmüttern vor.

Spielszene der Erzieherinnen: die ideale Mutter

Während der sich anschließenden Pause können sich alle mit Gebäck und Getränken stärken und die Plakate mit den dazugehörigen Texten und Bildern noch einmal studieren und auf sich wirken lassen.

Pause

Nach der Pause werden die Aussagen verglichen, um Gemeinsamkeiten und Unterschiede zu erarbeiten. In einer entspannten Atmosphäre, die von Toleranz und Verständnis geprägt sein sollte, können sich die beiden Parteien annähern, Bedürfnisse und Möglichkeiten ausloten.
Ziel des Abends ist nicht gegenseitige Schuldzuweisung, sondern humorvolles Aufzeigen und Besprechen von eigenen Erwartungen und Wünschen, Ärgernissen und Alltagsproblemen. Die Auswahl der Texte, Bilder und Karikaturen und die Form der Präsentation können dies entscheidend beeinflussen.

Austausch und Diskussion

Auf den Elternabend war ich schon sehr gespannt. Bereits die Einladung hatte mich angesprochen. Mit einer Frage und Aufforderung zugleich: „Haben Sie sich nicht auch schon oft die ‚ideale Erzieherin' gewünscht? Sie zu kreieren – dazu erhalten Sie jetzt die Gelegenheit!", machte sie mich ziemlich neugierig.
Darüber hinaus verriet die Einladung, dass ich zudem etwas über die ‚ideale Kindergartenmutter' erfahren würde. Ich hatte schon Zweifel, ob ich mich da wieder finden würde?
Der Abend war dann so, wie ich es mir vorgestellt hatte. Anregend, witzig und unterhaltsam. Aber manches hat mich ganz schön nachdenklich gemacht. Gleich in der Diskussion mit den anderen Müttern kamen so viele unterschiedliche Erwartungen und Meinungen zu dem Thema „ideale Erzieherin" auf, dass es fast unmöglich war sich zu einigen.
Mir zum Beispiel ist es wichtig, dass meine Tochter Clarissa gut behütet und betreut wird. Es ist mir zwar klar, dass sie nur eins von

Eine Mutter erzählt

26 Kindern ist und die Erzieherin sich nicht ständig um sie kümmern kann. Das ist ja genau das, was Clarissa im Kindergarten lernen soll. Nicht immer im Mittelpunkt zu stehen, sich in die Gemeinschaft einzufügen; sie soll warten und teilen lernen – all das, was sie zu Hause als Einzelkind nicht lernen kann.
Trotzdem erwarte ich, dass die Erzieherin Clarissa wahrnimmt und sich genau dann um sie kümmert, wenn sie das braucht, und damit Rücksicht auf die besondere Situation von Clarissa nimmt. Sie ist so viele verschiedene Kinder einfach nicht gewöhnt und braucht mehr Hilfestellung als andere. Dafür soll sich die Erzieherin Zeit nehmen, sie soll die Kinder beobachten und für sie da sein.
Andere Mütter wollen aber, dass die Erzieherin viel mit den Kindern bastelt, fordern eine optimale Vorbereitung auf die Schule, wollen, dass die Kinder zur Selbstständigkeit erzogen werden, machen den Erzieherinnen Vorwürfe, weil die Kinder aggressiv nach Hause kommen oder sich im Kindergarten schmutzig machen.
Es ist sicher nicht leicht für die Erzieherinnen, immer die richtige Balance zu finden. Ich habe sie richtig bewundert. Ganz gelassen haben sie die unterschiedlichen Erwartungen zur Kenntnis genommen und versprochen, sich in aller Ruhe damit auseinander zu setzen.

Ja, und dann wurden wir Mütter auf wirklich witzige Art und Weise mit Wünschen und Erwartungen der Erzieherinnen konfrontiert. Obwohl wir viel gelacht haben, gab es auch viel zu bedenken und zu überlegen. Gut getan hat aber, dass die Kritik sehr konstruktiv geäußert wurde. Die Erzieherinnen signalisierten uns ihr Verständnis, zeigten aber auch die Grenzen ihrer Möglichkeiten ganz deutlich auf.
Die anschließende Diskussion war lebhaft und sehr engagiert. Die Erzieherinnen reagierten auf Angriffe mit Humor und Gelassenheit und zeigten immer wieder ihre Bereitschaft, jede einzelne Mutter in ihrem Anliegen ernst zu nehmen. Bei aller Offenheit für unsere Wünsche, vertraten sie sehr selbstbewusst ihre Position und machten deutlich, dass wir Mütter genauso unseren Teil zu einer guten und fruchtbaren Kindergartenarbeit beitragen müssen.

Für mich war der Abend in zweierlei Hinsicht sehr wichtig. Zum einen hat sich mein Eindruck verstärkt, dass die Erzieherinnen wirklich kompetent sind und meine Clarissa gut betreut wird. Zum anderen bekam ich einen Anstoß meine Mutterrolle einmal zu überdenken. Manche Verhaltensweisen, die den Erzieherinnen Mühe machen, musste ich tatsächlich mir zuschreiben. Ich bin auch eine ‚Klammermutter', halte mein Kind dadurch unselbstständig und mich selbst für unentbehrlich. Ich glaube wirklich, ich sollte Clarissa mehr zutrauen und doch wieder halbtags arbeiten gehen. Bisher habe ich gedacht, es würde Clarissa schaden, wenn ich nicht immer zu Hause verfügbar wäre. Aber an dem Abend bestärkten die Erzieherinnen uns Mütter darin, auch an uns selbst zu denken, und betonten unser Recht auf ein eigenständiges Berufsleben - trotz Kindern und ohne diese vernachlässigen zu müssen. Das habe ich eigentlich nicht erwartet.

Ich schenk dir was

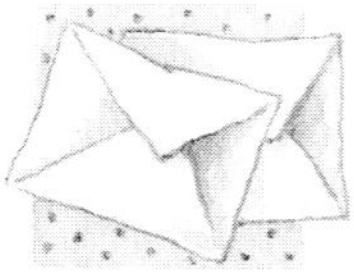

Liebe Eltern,

bald ist Muttertag. Da dieser Festtag nicht nur die Mütter betrifft, sondern auch die Kinder – denn nur durch sie sind Sie Mutter geworden –, möchten wir dieses Ereignis in die Kindergartenarbeit mit einbeziehen.

Werden die Kinder auf den Tag angesprochen, antworten sie spontan: „Da bekommt Mama Geschenke, obwohl sie gar nicht Geburtstag hat!" Wir möchten deshalb intensiv auf diesen Aspekt des Tages eingehen und die Kinder für den Brauch des Schenkens sensibilisieren. Wir werden gemeinsam mit den Kindern Antworten suchen auf die Fragen: Wann, wie und was schenken wir? Warum schenken wir? Was fühlen wir dabei?
Außerdem möchten wir versuchen, den Kindern ein Gefühl für die Freude zu vermitteln, die auf uns zurückfällt, wenn wir etwas verschenken.

Wir hoffen, dass wir Sie zum Muttertag mit einem originellen und liebevollen Geschenk überraschen können, und laden Sie herzlich ein, es am ________ in Empfang zu nehmen. Eine ausführliche Einladung folgt noch.

Gemeinsam mit den Kindern freuen wir uns auf Sie.
Sollten Sie an diesem Tag verhindert sein und nicht in den Kindergarten kommen können, wäre es gut, wenn Sie eine ‚Ersatzmutter' schicken könnten, damit Ihr Kind diese stellvertretend beschenken kann.

Wir grüßen Sie herzlich

Ihr Kindergarten-Team

Vom Schenken und Beschenktwerden

Zum Schenken gehört auch, dass man sich Gedanken darüber macht, was der Person, die man beschenken will, Freude machen könnte. Nicht alles, was mir selbst gefällt, gefällt auch anderen. Die Geschichte vom Geburtstag der Schildkröte berichtet von Geschenken, die die beschenkte Schildkröte leider überhaupt nicht brauchen kann. Was haben sich die Schenkenden wohl dabei gedacht?

Ein Geschenk für die Schildkröte

Die Schildkröte hatte Geburtstag. Als sie im klaren Morgenlicht aufwachte, dachte sie: Heute habe ich Geburtstag! Ob ich Geschenke bekomme? Am liebsten möchte ich einen großen grünen, saftigen Salatkopf haben! Hoffentlich denkt einer daran!
Zuerst kam der Löwe.
„Einen fröhlichen Geburtstag, Schildkröte!", rief er. „Ich habe dir etwas Schönes mitgebracht! Ein großes Stück Fleisch!"
Die Schildkröte freute sich, dass der Löwe an ihren Geburtstag gedacht hatte. Sie war eine höfliche Schildkröte.
„Vielen Dank, lieber Löwe", sagte sie, „es ist nett von dir, zu kommen. Aber ich esse nicht gern Fleisch. Ich esse am liebsten grünen Salat. Iss es selbst auf und wir plaudern ein bisschen dabei."
„Du weißt wirklich nicht, was gut schmeckt", sagte der Löwe und verspeiste das Fleisch mit großem Appetit. Bevor er ging, erzählte er noch von seinen mutigen Abenteuern.
Der nächste Besuch war der Elefant.
„Einen fröhlichen Geburtstag, Schildkröte!", sagte er. „Ich habe dir einen Eimer Wasser zum Planschen mitgebracht!"
„Das ist sehr liebenswürdig von dir", sagte die Schildkröte, „aber Wasser habe ich nicht gern, nur vielleicht ein paar Tropfen Tau auf einem grünen Salatblatt."
„Du kannst dich mit dem Rüssel duschen!", sagte der Elefant. „Es macht großen Spaß!"
„Dann dusch du dich doch bitte", sagte die Schildkröte und der Elefant duschte sich tüchtig, bis das Wasser leer war.
Dann sagte er auf Wiedersehen und ging.
Nach ihm kam der Pelikan.

„Einen fröhlichen Geburtstag, Schildkröte!", sagte er. „Ich habe eine Überraschung für dich! Guck mal in meinen Schnabel hinein!"
Darin lag ein großer Fisch.
„Vielen Dank", sagte die Schildkröte, „aber Fisch esse ich nicht. Iss du ihn selbst auf und erzähle mir, wie du ihn gefangen hast."
Der Pelikan verschluckte den Fisch und erzählte, wie ihm ein Blauwal um Haaresbreite entkommen war. Dann flog er nach Hause.
Nach einer Weile kam das Nashorn.
„Einen fröhlichen Geburtstag, Schildkröte!", schnaufte es. „Ich habe dir ein Schlammbad mitgebracht!"
„Vielen Dank", sagte die Schildkröte, „aber Schlamm habe ich nicht gern - nur wenn ein junger Salatkopf darin wächst. Willst du nicht selbst ein Bad zur Erfrischung nehmen?"
Das Nashorn kletterte fröhlich hinein.
„Es wäre sonst schade darum", sagte es und rollte sich darin, bis es ganz dreckig war.

„Das war sehr beruhigend", sagte es, „aber jetzt muss ich nach Hause! Es ist schon spät!"

Die Sonne ging langsam unter und die Schildkröte wurde ein bisschen traurig. Mein Geburtstag ist fast vorbei, dachte sie.
Es war nett von meinen Freunden mich zu besuchen und so viele Geschenke zu bringen. Aber ich hätte so gerne nur einen ganz kleinen Salatkopf bekommen. Vielleicht im nächsten Jahr!
Eine Träne rollte ihre Wange herunter. Plötzlich hörte sie eine kleine Stimme.
„Schildkröte! Bist du noch wach?"
Es war die Maus mit einem großen Paket.
„Einen fröhlichen Geburtstag!", piepste sie. „Ich komme leider sehr spät, aber das Paket war so schwer zu schleppen."
„Was kann da nur drin sein!", rief die Schildkröte.
Sie machte das Paket auf. Darin lag ein Salatkopf. Groß. Grün. Saftig. Mit ein paar Tropfen Tau auf den inneren Blättern.
„Liebe Maus!", rief die Schildkröte, „genau das, was ich mir gewünscht habe! Woher hast du es nur gewusst? Bitte setz dich. Ich werde dir ein Lied vorsingen, weil ich so glücklich bin."
Sie sang:

„Groß ist der Elefant,
der Löwe hat Mut,
geschickt ist der Pelikan,
das Nashorn meint's gut.
Aber nur die kleine Maus
hat wirklich nachgedacht.
Darum hat sie das gefunden,
was mir viel Freude macht!"

Die Maus saß still dabei und hörte zu.
„Du bist meine allerbeste Freundin, weil du mich verstehst", sagte die Schildkröte und gab ihr einen Kuss.

Die Maus ging dann nach Hause und die Schildkröte aß den ganzen Salatkopf auf. Er schmeckte ihr großartig.
„Das war ein wunderbarer Geburtstag", sagte sie zum aufgehenden Mond. Dann zog sie ihren Kopf in den Panzer zurück- und schlief glücklich ein.

Aus: Elizabeth Shaw, „Bella Belchaud und ihre Papageien oder das kleine Shaw-Buch"

Sehr vergnüglich wird es für die Kinder, wenn sie diese Geschichte im Rollenspiel vertiefen. Sie schlüpfen – je nach Temperament – in die einzelnen Rollen, aber jedes Kind möchte auch einmal die kleine Maus sein, die das ersehnte Geschenk bringt.

Wenn kleine Kinder überlegen, was sie ihrer Mutter schenken könnten, reagieren sie oft wie die Tiere in der Geschichte. Sie handeln spontan und aus ihrem eigenen Empfinden heraus. Mit zunehmendem Alter können sie aber gut zwischen sich selbst und der Mutter als eigenständiger Person unterscheiden. Sie werden sensibler für die Bedürfnisse ihres Gegenüber und haben gelernt, es von den eigenen Vorstellungen zu unterscheiden.
Diese zunehmende soziale Kompetenz wird gestärkt, wenn Kinder angeregt werden, sich in andere Personen hineinzuversetzen. Das Hineinschlüpfen in andere Rollen gibt ihnen die Möglichkeit, vielfältig und kreativ Gefühle zu erleben, auszudrücken und mitzuteilen.

Ich schenk dir einen Regenbogen

Von Geschenken, die man nicht kaufen kann, erzählt das folgende Lied.

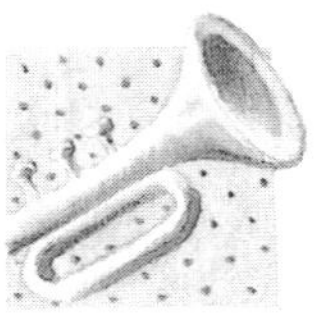

2. Ich schenk dir hundert Seifenblasen,
sie spiegeln mein Gesicht.
Ich wünsch dir was!
Was ist denn das?
Nein – ich verrat's dir nicht!

3. Ich schenk dir eine weiße Wolke
hoch am Himmel dort.
Ich wünsch dir was!
Was ist denn das?
Es ist ein Zauberwort.

4. Ich schenk dir einen Kieselstein,
den ich am Wege fand.
Ich wünsch dir was!
Was ist denn das?
Ich schreib's in deine Hand.

5. Ich schenk dir einen Luftballon,
er schwebt ganz leicht empor.
Ich wünsch dir was!
Was ist denn das?
Ich sag's dir leis ins Ohr!

6. Ich schenke dir ein Kuchenherz,
drauf steht: „Ich mag dich so!"
Ich wünsch dir was!
Was ist denn das?
Jetzt weißt du's sowieso!

Dorothée Kreusch-Jacob.
Aus: „Ich schenk dir einen Regenbogen".

Die einzelnen Strophen des Liedes spiegeln wider, was einen Gegenstand zu einem besonderen Geschenk macht. Es sind die Gedanken und Gefühle, die das Geschenk begleiten. Sie drücken aus, ob der/die Beschenkte gemocht wird und ob das Geschenk mit Bedacht und Liebe ausgesucht wurde oder ohne innere Anteilnahme, mehr aus einem Pflichtgefühl heraus. Das Gefühl der Freude und Dankbarkeit sucht einen Weg sich mitzuteilen und findet in dem Lied den Weg über Symbole. Jede Strophe verschenkt etwas Besonderes, jedes Geschenk will zum Ausdruck bringen: Ich denke an dich, ich mag dich, du bist mir wichtig!

Die Kinder denken nach, was sie selbst mit den Geschenken des Liedes verbinden. Sie nähern sich den einzelnen Strophen an, indem sie sich mit den Symbolen vertraut machen, die hier beschrieben werden.

Die Kinder verschenken am Muttertag das Lied „Ich schenk dir einen Regenbogen".
Dazu wird der Text des Liedes kopiert und auf einen Karton geklebt. Die Kinder können kleine Bilder daneben malen, die das Lied einrahmen.
Eine besondere Zugabe ist ein selbst gebackenes Kuchenherz. Die Kinder haben Spaß daran, auf diese Weise die letzte Strophe des Liedes real werden zu lassen. Sie backen das Kuchenherz im Kindergarten mit den Erzieherinnen oder gemeinsam mit ihren Vätern, die zu diesem Zweck in den Kindergarten eingeladen werden.

Eine Aktivität für Väter

Thema: Papa, komm, wir backen ein Kuchenherz

Die Kinder laden ihre Väter (oder eine andere Person, die den Vater vertritt) in den Kindergarten ein, um mit ihm (ihr) gemeinsam das Kuchenherz zu backen.

Und so könnte der Text der Erzieherinnen lauten:

Lieber Herr ________ ,

wir möchten Sie ganz herzlich in den Kindergarten einladen, um hier, gemeinsam mit ihrem Kind, das Muttertagsfest vorzubereiten. Die Kinder haben das Lied „Ich schenk dir einen Regenbogen" (siehe Seite 116) gelernt und möchten es zum Muttertag verschenken. Sie malen im Kindergarten Bilder zu diesem Lied. In der letzten Strophe wird die immer wiederkehrende Frage „Ich wünsch dir was! - Was ist denn das?" endlich beantwortet und dafür brauchen die Kinder Ihre Hilfe.

Wir laden Sie deshalb herzlich ein, in der Woche vom ________ bis ________ während der Kindergarten-Öffnungszeiten mit Ihrem Kind im Kindergarten dieses Kuchenherz zu backen.

Das Backen selbst dauert etwa eine halbe Stunde. Es wäre schön, wenn Sie sich mehr Zeit nehmen könnten. Ihr Kind möchte Ihnen sicher noch den Kindergarten zeigen und auch ein bisschen mit Ihnen spielen. Aber wir haben auch Verständnis, wenn Sie ausschließlich zum Backen kommen.

Wir freuen uns auf Sie!

Kinder und Erzieherinnen unterschreiben die Einladung.
Die Kinder, die ihren Namen noch nicht schreiben können, malen ein Zeichen.

Ein Kuchenherz backen

Zutaten:
250g Mehl, 125g Butter, 100g Zucker, 1 Ei, 1 kleine Messerspitze Salz, Vanillezucker

Die Kinder verkneten die Zutaten für den Teig zu einem Teigkloß und stellen ihn für eine halbe Stunde kalt. Dann wird er auf dem bemehlten Tisch oder auf Backpapier ausgerollt.
Mit Vaters Hilfe schneiden die Kinder ein großes Herz aus dem Teig. Vorsichtig legen sie es auf ein gefettetes Backblech, verzieren es liebevoll mit Rosinen, Beeren und Nüssen oder schreiben (ebenfalls mit der Hilfe ihres Vaters) „Ich mag dich so“ auf das Herz.
Das Kuchenherz muss dann 10 Minuten in den vorgeheizten Backofen (200°C).

Bis das Herz fertig gebacken ist, räumen die Kinder ihren Platz auf, spülen gemeinsam mit dem Vater die Teigschüssel und alles, was sie sonst noch gebraucht haben, und putzen den Tisch ab.

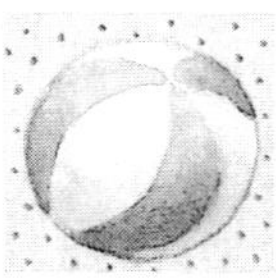

Wenn der Papa noch Zeit hat, zeigen die Kinder ihm den Kindergarten, ihre Lieblingsecken und Lieblingsspielsachen, die Bilder, die sie gemalt haben, und was ihnen sonst noch wichtig ist. Vielleicht spielen sie noch ein bisschen zusammen.
Auch wenn der Besuch nur kurz war, tut er den Kindern gut und die Väter freuen sich, dass sie ihr Kind einmal im Kindergarten erlebt haben.

Ein Vater erzählt

Zunächst war ich schon sehr erstaunt, als mir diese Einladung ins Haus kam. Damit hatte ich wirklich nicht gerechnet. Bisher hat David zum Muttertag immer ein Bild gemalt, ich habe einen Blumenstrauß gekauft und am Sonntag selbst sind wir Essen gegangen.
Aber nun diese seltsame Einladung! Backen, das ist nun wirklich nicht meine Stärke und auch noch Urlaub dafür nehmen. Die hatten vielleicht Nerven!
Aber am Abend bestand David darauf, dass ich ihn ins Bett brachte. Und mit strahlenden Augen erzählte er mir von den Vorbereitungen zum Muttertagsfest. Da war mir klar, dass ich mich nicht drücken konnte. Ich musste zudem hoch und heilig versprechen, dass ich kein Sterbenswörtchen verraten würde.
Ich habe also Urlaub genommen und bin mit einem komischen Gefühl in den Kindergarten gegangen. David war so aufgeregt, er hatte schon den ganzen Morgen am Fenster gestanden und auf mich gewartet. Erst hat er mir alles gezeigt, seine Kindergartenfreunde, seine Lieblingsspielsachen und welche Kinder schon mit den Vätern gebacken hatten. In der Zwischenzeit kamen noch drei andere Väter, ich glaube, sie waren alle genauso unsicher wie ich. Aber das legte sich rasch.
In der Küche war schon alles vorbereitet. Und zwar so ‚kindgerecht', dass von uns Vätern keinerlei Vorkenntnisse nötig waren und wir auch niemanden um Hilfe bitten mussten.
„Wir kochen und backen immer mit solchen Rezepttafeln", erklärte mir mein Sohn. Überhaupt stellte er sich ganz geschickt an, ich war wirklich erstaunt.
„Ich kenne mich so gut aus, weil ich immer mithelfe in der Küche", sagte er zu mir.
„Ja, Ihr Sohn ist wirklich geschickt und auch sehr eifrig und hilfsbereit", bestätigte mir die Erzieherin. Das hat mir natürlich gut getan, obwohl ich ehrlicherweise zugeben muss, dass er das wohl eher bei seiner Mutter gelernt hat. Wenn ich was im Haushalt mache, will ich nämlich keine Kinder dabei haben, denen ich erst noch alles erklären muss und die mich nur aufhalten und behindern. Aber ich nehme mir vor, zukünftig geduldiger zu sein.
Ich bin dann den ganzen Morgen im Kindergarten geblieben, weil ich es wirklich interessant fand, was sie dort alles machen. Ich habe im Bauzimmer mitgespielt, wurde zum Puppengeburtstagsfest eingeladen und spielte sogar im Stuhlkreis längst vergessene Spiele mit. Auch die anderen Väter blieben länger als geplant da.

Ja, ich war wirklich beeindruckt vom Alltag im Kindergarten. So hatte ich es mir nicht vorgestellt. Ich wusste zwar schon vieles von den Erzählungen, aber so live dabei zu sein, das ist nochmal anders. Diese vielen Kinder und alle in einem Raum. Ich bewundere die Erzieherinnen, denen es gelingt bei all den quirligen, lebhaften Kindern den Überblick zu behalten und eine angenehme Atmosphäre zu schaffen.
Das mit dem Backen und der Einladung war wirklich eine gute Idee. Ich werde mir jetzt öfter Zeit nehmen, immer mal wieder tagsüber in den Kindergarten zu gehen. „Schließlich kenne ich mich jetzt aus!", würde David an meiner Stelle wohl sagen.

Überblick über die Anregungen und Ideen

In den einzelnen Kapiteln finden sich noch viele weitere Hinweise und Vorschläge.

Lieder

Erzählvorschläge und Bücher

Gedichte und Gebete

Gemeinsam feiern und schenken

Malen und Basteln

Spielen und Darstellen

Weiterführende Literatur

Berger, Manfred: Frauen in der Geschichte des Kindergartens. Brandes & Apsel Verlag, Frankfurt am Main, 1995

Birkhäuser-Oeri, Sibylle: Die Mutter im Märchen. Verlag Adolf Bonz, Stuttgart, 1977

Defersdorf, Roswitha: Helfen macht klug. In: spielen und lernen, Heft 2/95, Velber-Verlag

Früh, Sigrid: Märchen und Geschichten aus der Welt der Mütter. Fischer Taschenbuch Verlag, Frankfurt am Main, 1989

Früh, Sigrid: Märchen von Hexen und weisen Frauen. Fischer Taschenbuch Verlag, Frankfurt am Main, 1994

Haug-Zapp, Egbert: Historisches zu gegenwärtigen Aufgaben der Sozialpädagogik. Luther-Verlag, Bielefeld, 1992

Puntsch, Eberhard: Das neue Zitatenhandbuch. Weltbild Verlag, Augsburg, 1995

Roth, Brigitta: Die Frau in den Zitaten der Welt. Bechtle Verlag, München, 1995

Rüttner-Cova, Sonja: Frau Holle, die gestürzte Göttin. Märchen, Mythen, Matriarchat. Sphinx Verlag, Basel, 3. Auflage 1993

Schenk, Herrad: Wieviel Mutter braucht der Mensch? Rowohlt Taschenbuch Verlag, Reinbek bei Hamburg, 1998

Schneider, Regine: Gute Mütter arbeiten. Fischer Taschenbuch Verlag, Frankfurt am Main, 1997

Schönfeldt, Sybil Gräfin: So viel Glück und Segen ... In: spielen und lernen, Heft 5/89, Velber-Verlag

Thurer, Shari L.: Mythos Mutterschaft. Droemersche Verlagsanstalt Th. Knaur Nachf., München, 1997

Beate Maly
Im Kindergarten das Jahr erleben
Anregungen und Vorschläge für Erzieherinnen
128 Seiten, mit Illustrationen von Elke Junker und Stefan Horst, kartoniert
ISBN 3-7806-2467-2

Dieses Arbeitsbuch führt mit 12 Geschichten durch das Jahr. In allen Geschichten spielen dieselben Kinder die Hauptrolle. Sie erleben den Wechsel der Jahreszeiten, die traditionellen Feste und die Höhepunkte des Kindergartenjahrs und werden so zu Wegbegleitern, die wieder erkannt und lieb gewonnen werden. Die Texte sind so angelegt, dass ein Einstieg in das Buch in jedem beliebigen Monat möglich ist.

Im Anschluss an jede Geschichte folgen Praxisanregungen zu den Kategorien: Umweltbewegung, ästhetische und musikalische Erziehung, Bewegung und Spiel, kognitive und sprachliche Förderung.

Ilse Jüntschke
Abschied und Neubeginn im Kindergarten
Anregungen und Vorschläge für Erzieherinnen
120 Seiten, mit Illustrationen von Elke Junker, Stefan Horst und Iris Buchholz, kartoniert
ISBN 3-7806-2440-0

Die Zeiten des Eintritts in den Kindergarten und des Wechsels vom Kindergarten zur Schule sind wichtige Einschnitte im Leben von Kindern. Die positiven und negativen Erfahrungen, die die Kinder dabei machen, haben Einfluss auf ihren weiteren Lebensweg. Kinder und Eltern brauchen schon Wochen vor dem Übergang in den Kindergarten bzw. in die Schule Partner, die sie verstehen und ermutigen. Von daher stellen diese Zeiten für die Erzieherinnen eine besondere Herausforderung dar.

Dieses Buch bietet eine Fülle von Anregungen, wie diese Wochen im Kindergarten gestaltet werden können.

KaufmannKindergartenBücher

Ilse Jüntschke

Im Kindergarten die Herbstzeit erleben

Anregungen und Vorschläge für Erzieherinnen
136 Seiten, mit Illustrationen von Elke Junker, Stefan Horst und Iris Buchholz, kartoniert
ISBN 3-7806-2437-0

Das Buch gliedert sich in fünf Kapitel:
1. Wachsen wie ein Bäumchen; 2. Sonne und Regen kommen gezogen; 3. Schaut, was wir geerntet haben; 4. Wir danken für das tägliche Brot; 5. Wir feiern und teilen.

Ilse Jüntschke

Im Kindergarten Weihnachten erleben

Anregungen und Vorschläge für Erzieherinnen
128 Seiten, mit Illustrationen von Elke Junker und Stefan Horst, kartoniert
ISBN 3-7806-2407-9

Die vier Kapitel des Buches thematisieren jeweils ein zentrales weihnachtliches Symbol: Licht, Freude, Weg und Tür. Vor allem „Licht" als Symbol der Hoffnung und freudiger Erwartung durchzieht das Buch wie ein roter Faden.

Ilse Jüntschke

Im Kindergarten die Osterzeit erleben

Anregungen und Vorschläge für Erzieherinnen
128 Seiten, mit Illustrationen von Stefan Horst, Elke Junker und Iris Buchholz, kartoniert
ISBN 3-7806-2475-3

Das Buch gibt in drei Kapiteln Impulse für die Praxis zur Umsetzung der Osterbotschaft:

1. Wenn neues Leben erwacht – Pflanzen und Tiere im Frühling; 2. Manchmal ist die Angst sehr groß – Passion; 3. Lasst die Osterglocken klingen – Auferstehung und Freude.